中国企业管理科学基金会
·特别支持·

中国企业管理创新发展报告 2023

中国企业联合会 编著

图书在版编目（CIP）数据

中国企业管理创新发展报告．2023 / 中国企业联合会编著．-- 北京：企业管理出版社，2024.4

ISBN 978-7-5164-3042-2

Ⅰ．①中… Ⅱ．①中… Ⅲ．①企业管理—创新管理—研究报告—中国— 2023 Ⅳ．① F279.23

中国国家版本馆 CIP 数据核字（2024）第 056914 号

书　　名：中国企业管理创新发展报告（2023）
书　　号：ISBN 978-7-5164-3042-2
作　　者：中国企业联合会
责任编辑：李雪松　黄爽　田天
出版发行：企业管理出版社
经　　销：新华书店
地　　址：北京市海淀区紫竹院南路 17 号　　**邮　　编**：100048
网　　址：http://www.emph.cn　　**电子信箱**：emph001 @163.com
电　　话：编辑部（010）68701638　　发行部（010）68414644
印　　刷：北京亿友创新科技发展有限公司
版　　次：2024 年 4 月第 1 版
印　　次：2024 年 4 月第 1 次印刷
开　　本：787mm × 1092mm　1/16
印　　张：16.5
字　　数：225 千字
定　　价：120.00 元

编委会

编写组

组　长

张文彬　中国企业联合会企业创新工作部主任

副组长

董小英　北京大学光华管理学院荣休教授、工业和信息化部通信专家委员会委员
赵剑波　中国社会科学院工业经济研究所副研究员
吴剑峰　浙江工商大学工商管理（MBA）学院教授
蔺　雷　中国科学院创新发展研究中心服务创新与商业模式研究部主任

成　员

高中华　中国社会科学院工业经济研究所研究员
胡燕妮　中国信息通信研究院政策与经济研究所高级工程师
王伟楠　北京工业大学经管学院助理教授
戴亦舒　北京工商大学计算机与人工智能学院讲师
乔　璐　南京审计大学内部审计学院讲师
李　妍　中国船舶集团有限公司综合技术经济研究院工程师
石　隽　中国船舶集团有限公司综合技术经济研究院工程师
李志军　中国船舶集团有限公司综合技术经济研究院工程师
周　蕊　中国企业联合会企业创新工作部处长
杜巧男　中国企业联合会企业创新工作部副处长
常　杉　中国企业联合会企业创新工作部副处长
张　倩　中国企业联合会企业创新工作部
崔　奇　中国企业联合会企业创新工作部
林晓寒　中国企业联合会企业创新工作部
杨小卜　中国社会科学院工业经济研究所（博士研究生）
张　恒　首都经济贸易大学工商管理学院（博士研究生）
张佳莹　中国社会科学院大学研究生院（硕士研究生）
李慧兰　对外经济贸易大学国际商学院（博士研究生）

序 PREFACE

党的十八大以来，中国企业以习近平新时代中国特色社会主义经济思想为指导，主动适应经济发展新常态，全面贯彻落实新发展理念，以推进供给侧结构性改革为主线，以提高发展质量效益为中心，全方位推进企业管理创新实践，企业发展质量和效益明显提高，取得了显著成效，体现出鲜明的时代特点。

第一，全面践行新发展理念，推进战略管理创新。2013 年以来，我国经济社会的指导思想和发展环境发生了很大变化，经济发展步入新常态、新阶段，社会主要矛盾转化为人民日益增长的美好生活需要和不平衡不充分的发展之间的矛盾。许多企业改变以规模化、低成本、高消耗为主要特征的传统发展理念，调整战略目标和发展模式，主动将企业战略和国家重大战略部署相契合，通过系统性的管理变革创新，全面增强企业综合素质和发展能力，实现企业新的更高质量的发展。

第二，探索新发展路径，推进管理机制创新。众所周知，唯有全面深化国有企业改革，才能为中国经济注入活力，同时也对企业管理创新提出新要求。党的十八届三中全会以来，国资国企改革力度明显加大，出台了许多具体政策文件。广大国有企业按照国家整体部署，抓住政策机遇，在加强党的领导、健全公司治理机制、完善现代企业制度方面，在变革组织架构、压减管理层级、缩短管理链条、转变管理职能、提升集团管控效率方面，在深化混合所有制改革、激发市场主体活力、搭建市场化运营机制、调动人财物等要素资源发挥最大效益等方面都进行了许多成功的改革实践。

第三，实施创新驱动发展战略，推进管理方法创新。随着中国经济整体实力的增强，中国企业创新面临的内外部环境出现了新变化，关键核心技术通过引进消化吸收再创新的方法不容易实现，越来越多的企业开始通过创新管理方法迈向全面自主创新的新道路。突出表现在两个方面：一方面是以掌握关键核心技术为重点，持续加大原始创新投入，注重原创技术、关键核心技术、国际前沿技术突破，努力迈向全球产业链和价值链高端；另一方面是开始重视面向复杂性的现代管理理论与方法，流程管理、精益六西格玛、多项目协同等现代管理方法不断导入，以工程化方法组织科研活动，效果显著。

第四，构筑新发展架构，推进管理路径创新。供给侧结构性改革，改的是体制，调的是结构，转的是管理，变的是企业。许多企业以承受关停并转和结构调整的短期阵痛，换取“浴火重生”的长远发展，扎实推进化解过剩产能、处置“僵尸企业”、兼并重组等各项重点工作，以市场为导向，以高质量发展为引领，围绕优质业务、核心业务和战略性业务，积极推进横向联合、纵向整合和专业化重组，优化供给质量，提升资本配置效率；同时，将精益思想贯穿企业经营管理全过程，把精、准、细、严的精细化要求转化为日常工作标准和习惯，持续开展精细化管理创新，全面提升运营效率、生产效率和资源能源利用效率。

第五，把握新发展机遇，推进管理模式创新。进入 21 世纪以来，全球信息化进入了以数字化、网络化、智能化为主要特征的新阶段。基于数字技术的创新成为越来越多企业的共识，成为企业管理新的发展方向。企业把数字化平台建设作为构建和提升企业管理现代化水平的重要手段，作为机构整合、业务重整、管理流程再造的重要推动力，通过建设涵盖数据、技术、流程、组织等关键要素的系统性数字化运营管理平台，实现企业经营管理与数字化技术的深度融合，持续推动基于数字化能力的业务创新和管理创新，在数字技术服务、产品全生命周期、用户交互全过程、产业全生态等方面寻求新的发展机会和市场空间，努力实现数字化转型。

第六，坚持新发展方向，推进管理理念创新。绿色发展已经成为面向未来的全球共识。中国企业近年来践行“绿水青山就是金山银山”的绿色发展理念，从产品设计到产品全生命周期，从工厂布局到矿山建设，从能源节约到综合利用，从减少污染物排放到循环经济发展，从企业自身减排到探索参与实施国家核证自愿减排量（CCER）置换、碳配额交易等多种碳资产管理，将绿色发展理念渗透到企业经营的每个环节，推进企业乃至全社会的绿色低碳发展。

第七，打造新发展格局，推进管理能力创新。众多企业认识到全球化经营管理新思维的重要性，将企业管理的参照系从单纯的国内市场拓展为国际市场，提升能力，将高水平“引进来”与主动“走出去”有效结合，积极响应国家“一带一路”倡议，在国际贸易、技术合作、人才交流、资金融通、基础设施建设、装备制造、资本投资、创新合作、园区建设、文化交流等众多领域中寻求与共建“一带一路”国家和企业的合作，将“中国制造”“中国建造”“中国服务”的品牌树立在共建“一带一路”国家，促进了当地经济社会发展和民生改善。

当前，数字经济正在成为全球产业变革和经济增长的核心要素，也揭示了下一步企业管理新的发展方向。数字经济时代的来临为企业管理突破性的创新提供了思路、手段和条件，既有挑战更有机遇。谁能抓住这些机遇，谁就能在新的时代背景下赢得先机。传统工业时代的管理模式已经无法适应数字时代的新要求，对传统管理的局部调整已经难以应对变化，只有进行战略性的、贯穿整个价值链的深度变革才能使企业在新的数字时代获得制胜的先机。

一是在经营理念上实现新突破。亚当•斯密的分工理论是工业文明发展的基石，由此诞生的规模经济、科层制结构及其相适应的标准化、专业化和集中化，被美国未来学家阿尔文•托夫勒称之为工业时代的精神气质。然而数字经济发展呈现出显著的快捷性、高渗透性、边际效益递增性、外部经济性等特征，这与工业经济的特征完全不同。为此，管理者必须突破工业时代所形成的标准化、大规模、一体化、零和竞争等传统经营理念，树立起开放、协同、融合、共赢的新理念，把工业化时代分离的内外部系统通过数字化网络整合为以消费者为中心的圈环式价值创造网，使企业与员工、产业链上下游、合作者，甚至是竞争者等相关方成为同呼吸共命运的利益有机体，实现商业生态系统的有效协同和共赢发展。

二是在经营方式上抓住新特征。一体化经营在工业时代被众多企业作为增强企业竞争优势的重要经营战略。网络技术的出现导致市场交易费用和管理费用明显下降，突破了科斯定理等经济法则，范围经济、长尾效应、商业生态正在成为企业新的竞争优势。在未来的经营中，企业要不求大，但求强；不求广，但求专；不求全，但求精；不求所有，但求所用。

三是在产销模式上了解新特点。工业化时代的产销模式是建立在规模经济上的，是大生产＋大品牌＋大物流＋大零售，核心是通过大规模的生产和生产过程的标准化、高效率，持续降低成本。而在数字经济时代，大众消费正在向分众消费深入发展，市场需求正在裂变为难以计数的“碎片”，工业化时代的大规模生产逐步被各种形式的大规模定制和柔性化生产所取代，按需生产将成为企业源源不断获得竞争优势的来源。

四是在组织管理上构建新生态。数字经济时代最大的特点是快捷和灵活。这对企业组织的柔性和对外部环境的适应性提出了越来越高的要求，原本等级森严的科层制组织架构暴露出行动缓慢的天生缺陷，越来越多的企业开始借助于数字技术向松散的有机生态型组织结构转化，呈现出小型化、扁平化与外部化的特征。组织管理的范围从企业内部拓展到了企业外部，包括对供应商、分销商、分包方、战略联盟、客户等利益相关方的管理；管理的重点也从传统的内部关系管理转变为如何通过数字神经系统的建设，保持类似有机体那样的低成本有机协调的能力；管理的目的也从“做大”“做强”转变为“做活”，把企业从“机械组织”转变为有机的生命体，能够自适应、自创新、自激励，实现企业的永续发展。

五是在管理方式上加快新转变。数字经济的发展使得知识员工阶层崛起，并逐渐成为企业员工的主体。知识员工不仅具有“社会人”和“自我实现人”的特性，更具有“创造人”的特性，创造是知识型员工的本质。为此，企业管理者必须改变传统的命令与控制型的管理方式，管理者自身要从传统的决策者、命令者加快转变为教练员、服务员，通过充分授权，使基层组织和员工具有充分的自主权，同时注重员工内心幸福感、归属感、自我实现的激励，以最大限度地发挥员工的创造潜能。

自 2018 年以来，为客观反映当前我国企业管理创新实践情况，中国企业联合会在工业和信息化部产业政策与法规司的大力支持下，以每年推荐申报的成果材料为基础，组织专家学者开展“中国企业管理创新发展报告”的研究和出版工作。今年出版的《中国企业管理创新发展报告（2023）》系统梳理分析了第29届和第30届全国企业管理现代化创新成果申报材料，总结了当前中国企业管理创新实践的主要特点和发展趋势；同时，还研究分析了企业在践行新型举国体制突破关键核心技术、数字化管理、建设世界一流企业等方面的最新创新实践，形成了专题报告。

借此报告出版之际，我代表中国企业联合会，诚挚感谢工业和信息化部产业政策与法规司的指导和支持，感谢董小英、吴剑峰、赵剑波、蔺雷等专家及其研究团队的辛勤付出，感谢厦门象屿集团有限公司、中天科技集团、中国船舶集团有限公司综合技术经济研究院等单位的积极参与和大力支持。希望本报告能够为广大企业全面提升自主创新能力和管理现代化水平提供借鉴参考。

是为序！

中国企业联合会、中国企业家协会党委书记、常务副会长兼秘书长　朱宏任

2024 年 2 月

目　　录 CONTENTS

第四章

企业数字化管理专题报告 / 105

第五章

企业践行新型举国体制专题报告 / 167

后 记

第一章

第 29 届总报告：推动经济全面复苏，构筑管理新优势

企业管理创新是我国经济社会发展的重要动力，丰富了中国式现代化道路的内涵。以数字经济、战略创新、运营提升、深化改革、科技创新、绿色发展、人才培养为主要方式，中国企业通过持续推动管理创新，实现了品质更优、成本更低、分工更细、效率更高、规模更大、福祉更广的发展形态，探索出高度发达的、具有中国特色的现代化发展道路。

一、样本描述

2022年，全国企业管理现代化创新成果审定委员会组织开展了第29届全国企业管理现代化创新成果的申报、推荐与审定工作。截至2022年9月底，共收到并受理企业申报材料664项。

从区域分布、所有制属性、企业规模、营业收入等维度看，申报企业有着广泛的代表性。此外，受2018年工业和信息化部发布《关于开展专精特新"小巨人"企业培育工作的通知》的政策影响，申报企业中中小微企业数量逐年增加。

经组织有关专家进行初审、预审和答辩，并进行社会公示后由全国审委会组织终审，有219项被审定为第29届全国企业管理现代化创新成果，其中一等成果34项、二等成果185项。

从创新主题看，主要包括数字经济、战略管理、运营提升、深化改革、科技创新、绿色发展、人才培养7个领域。其中，与数字经济相关的创新成果有61项，占比27.9%；与战略管理相关的创新成果有36项，占比16.4%；与运营提升相关的创新成果有33项，占比15.1%；与深化改革相关的创新成果有19项，占比8.7%；与科技创新相关的创新成果有25项，占比11.4%；与绿色发展相关的创新成果有18项，占比8.2%；与人才培养相关的创新成果有15项，占比6.8%。此外，还包括少数以乡村振兴、疫情管理、自然资源保护为主题的管理创新成果12项，占比5.5%。

二、创新主题

数字经济成为企业实施管理创新活动的主要领域，此外虽然受到外部环境的影响，一些企业仍在努力开拓新业务和新市场，不断追求精益与卓越，完善科技创新体系，深化体制机制改革，推动绿色低碳发展，并关注对“人”的呵护与激励。

（一）适应数字经济发展，全面推动数字化转型

管理创新发力重点之一便是全面拥抱数字化转型。2022 年中国企业加快数字化转型的步伐，与数字经济主题相关的创新成果约占全部成果的三分之一。其中，有 11 项一等成果，占全部 34 项一等成果的 32.4%，企业对于数字经济的关注程度，以及企业积极推动数字化转型的热情可见一斑。具体创新做法主要集中在数字工厂、智能制造与智慧运营（24 项），数字化转型体系（9 项），管理职能的数字化（10 项），数据要素利用与数字孪生（7 项），数字经济基础设施（5 项），以及其他方面（6 项）。数字经济是意义深远的管理转型趋势，数字化的最大价值就是能够带给人类社会意想不到的便利性与可能性。

以数字工厂与智能制造模式为重点。在生产数字化转型方面，数字工厂、智能制造、智慧运营仍是主流发展模式。江苏中天科技股份有限公司（以下简称江苏中天科技）率先发力，推动光纤预制棒全过程数字化生产运营管理，应用建模仿真技术实现了光棒关键制造设备和检测设备自主化，实现了生产制造数字化、工艺研发过程预测及设计优化。徐州建机工程机械有限公司确定了“智品、智造、智服”三个维度的推进方向，开展包括研发、生产、供应链、营销、服务乃至产品回收再利用等一系列环节的“大制造”，向用户提供覆盖需求

调研、远程诊断、实时维修等产品服务系统全生命周期的价值增值服务。此外，京东方科技集团股份有限公司（以下简称京东方）以“灯塔工厂”为引领的数字化变革，中车唐山机车车辆有限公司（以下简称中车唐山公司）构建贯穿产品全生命周期的数字企业，江苏鹰游纺机有限公司（以下简称江苏鹰游纺机）基于智能制造的个性化定制服务管理等都是企业推动数字工厂和智能制造模式建设的代表。

开启系统全面的数字化转型。聚焦财务、营销等某一具体管理职能的数字化转型相关成果数量有所下降，一些企业开始推动体系化的数字化转型战略。例如，针对业务类型多，中国石油化工集团有限公司（以下简称中国石化或中石化）以实现原油、炼油、化工、物流、销售整体效益最大化为目标，通过全面数字化转型，提升集团整体协同优化、监测预警、调度指挥、统筹采购等能力。陕西煤业股份有限公司（以下简称陕西煤业）推动“生产智能化、管理精细化、运营标准化、决策科学化”，打造“智慧陕煤”数字化转型体系，引导产业链向数字化、智能化转型，坚定不移地做数字化转型践行者。

创新数据要素利用与数字孪生模式。数据作为独立的生产要素进入生产、流动、消费等经济各领域、各环节，同时由于数据要素具有强大的溢出和渗透效应，与其他要素相互作用、相互补充，不断增强数据创新动能。自2019年起，国网大数据中心、国网浙江电力、南京供电公司探索能源数据与政府数据的融合分析，挖掘能源数据引领、撬动、赋能等价值，助力社会治理精准有效化、经济决策科学智慧化、民生服务便捷高效化，支撑国家治理能力现代化和经济高质量发展。中国航空工业集团有限公司第一飞机设计研究院（以下简称一飞院）围绕数字样机，构建以虚映实、以虚驭实、以虚代实的研发体系，使飞机研发由传统基于物理样机的工作模式转变为“全机、全周期、全研制链”

的数字样机的高效研发模式，在虚拟环境下实现对飞机的功能演示、性能计算、仿真试验等，以持续优化的、仿真驱动的数字样机研发过程丰富了“数字孪生”的概念。

适度超前开展数字基础设施建设。中国移动通信集团有限公司（以下简称中国移动）构建新型信息基础设施，加大5G、云计算、数据中心等新型基础设施建设力度，发挥信息通信的战略性、基础性、先导性作用，激发数字经济巨大的发展潜力和无穷的创新活力，助力我国数字经济做强做优做大。中国电信集团有限公司（以下简称中国电信）和中国联合网络通信集团有限公司（以下简称中国联通）为促进5G新发展，而实施跨企业数字化合作管理，双方紧密合作、开拓进取、锐意创新，互利共赢，高效低成本地建设一张优质的5G网络。

（二）构建战略管理体系，开拓新业态和新市场

管理创新发力重点之二在于推动企业战略性成长。内外部环境发生一系列深刻变化，对提升战略管理能力提出了新的更高要求。即使面临外部环境的巨大不确定性，2022年中国企业不断创新业态和寻求新的市场，与战略管理主题相关的创新成果约占全部成果的六分之一。其中，有9项一等成果，占全部34项一等成果的26.5%。具体创新做法主要集中在战略管理体系的构建（10项），新业务拓展与创新（8项），风险管理（7项），构建世界一流企业（5项），提升国际化经营能力（5项），以及其他方面（1项）。战略管理涉及的业务范围和管理要素非常广泛，通过战略管理体系的构建与应用，能够有力保障战略制定的前瞻性、先进性，促进准确识变、科学应变和有效防范战略风险。

探索构建全面战略管理体系。国家电网有限公司（以下简称国家电网）始终坚持以战略引领发展，逐步探索构建了以企业战略目标为核心，以“研—定—施—评”（战略研究—战略制定—战略实施—战略评估）闭环管理机制为主线，以智能平台、智库研究、制度标准、组织保障为支撑的战略管理体系。中国运载火箭技术研究院科学有效地实施发展战略，识别目标、任务、资源三大关键要素，构建三层次要素匹配模型，建设时序细化和滚动迭代的“5—3—1”规划计划体系，有效保证载人航天、北斗导航、深空探测等一系列国家重大工程任务圆满完成。上海航天化工应用研究所通过“定战略、建体系、理流程、配能力、调机制”五个具体战略管理步骤，构建了一套提升研制能力的“五步联动”战略管理体系。

新产业新业态的拓展与创新。中国电子信息产业集团有限公司发挥央企在新型举国体制中的主导作用，围绕产业链卡点堵点部署创新链，统筹推进产业布局、科技创新和资源配置，构建了以“三链”为核心的网信业务发展管理体系，打造了国内最完整的网信产业链，攻克了以 CPU 和操作系统为核心的多项“卡脖子”技术，汇聚产业生态伙伴数万家，带动网信生态规模近万亿元。青岛西海岸新区融合控股集团有限公司深耕集成电路、光电显示、装备制造、生命健康、新经济等产业领域，以科技创新引领、新兴产业聚集、金融资本赋能、创新人才支撑、专业园区承载为发展动力，围绕创新链、产业链、资本链、人才链、政策链构建产业生态，创建了“科创引领 + 产业集聚 + 资本赋能 + 人才支撑 + 园区承载”的“五位一体”战略性新兴产业培育体系，在战略性新兴产业培育方面形成了青岛经验。

健全重大经营风险防控机制。企业面临的发展环境正发生着深刻而复杂的变化，发展不确定性风险持续增大，全面深化风险管理显得更为紧迫和重要。中国海洋石油集团有限公司（以下简称中海油）统筹发展和安全，健全重大风险防控机制，统筹管理重大经营风险，构建分层、分类、分等级的风险管控机制。中国航天科工集团有限公司（以下简称航天科工）切断风险从源头到末端的传递链条，形成环境风险辨识管控在前、隐患排查治理在后的“两道防线”，以风险评估为基础，通过强化源头控制、推进过程管理和深化末端治理三个阶段开展环境风险管理。中国建材股份有限公司以落实三精管理、保障高质量发展、风险防控体系布局为驱动，整合法律、合规、内控、风险管理四位一体工作，打造与审计体系、纪检巡察体系衔接联动的“大合规管理监督闭环体系”，经过实践取得良好成效，并在各级子公司合规管理工作中进行示范推广。

打造具有全球竞争力的世界一流企业。中国企业要尽快实现从跟跑、并跑到领跑的跨越，必须建立一套标准高效的管理模式，提高生产、运营、管理每一个环节的精细、专业，以局部的精细合成整体的卓越。作为我国整体核工业体系中最先与国际接轨、市场化运营、规范化管理的一家核电企业，中国核能电力股份有限公司（以下简称中国核电）提出了“集约、增效、精准、创新”的总体目标，建立以集约化思想为核心的精细化管理方法，系统构建卓越运营管理体系，赋能中国核电实现高质量发展。中国中铁股份有限公司（以下简称中国中铁）以建设世界一流企业为目标导向，高标准确定战略管理起点；在战略研究阶段，以战略推演方法全面研判形势矛盾，形成战略顶层设计；在战略制定阶段，制定公司战略定位、目标和路线，编制形成由总体规划、专项规划、子公司规划组成的规划体系；在战略实施阶段，以“重点任务书”为载体，通过解码和统一编码，全面推进战略实施落地；在战略评估阶段，以全景考评方式衡量战略达成效果；同时，完善组织、制度、资源等保障措施，形成了基于全过程战略管理的实践创新。北京能源集团有限责任公司结合自身实践经验，形成一套贯穿顶层设计及具体实践的集团整体对标提升模式与对标世界一流实践方法。中国贵州茅台酒厂（集团）有限责任公司（以下简称茅台集团）深入贯彻中共中央建设世界一流企业的重大部署，落实国务院国资委“对标世界一流管理提升行动”总体要求，以加强管理体系建设和管理能力提升为主线，开展对标世界一流管理提升行动，朝着建设世界一流企业目标坚实前进。

国际化经营能力与水平稳步上升。在国际化经营过程中，国内企业克服面临国际化经营经验不足、资源配置能力不强等诸多问题，在国际市场复杂变化中形成差异化竞争优势。面对汇率风险，中国船舶集团有限公司构建“制度标准化、服务专业化、实施体系化”的汇率风险管理体系，成功规避了 2020—2021 年人民币汇率大幅波动且震荡升值的不利冲击影响，实现了经营效益的持续稳健增长，为实体企业防范汇率风险提供了体系化方法论。在中国企业开展直接境外投资并购面临较大不确定性的条件下，国网国际发展有限公司制定“借船出海”战略，即大型能源电力企业以控制运营的境外实体公司为投资主体，充分利用当地公司的经营积累、发展能力、人才优势，开展能源电力资产再投资并购项目，实现高质量发展的国际业务战略，成为实现国际业务高质量可持续发展的重要途径。

（三）持续推动提质增效，提升管理与运营效率

管理创新发力重点之三在于提升管理与运营效率。以品质管理、精益管理、管理提升等做法为代表，降本、提质、增效是企业管理创新传统的做法与永恒的追求。2022 年，中国企业在质量和成本控制方面不断追求极致，并将精益管理理念和方法融入生产经营管理全过程。与运营提升主题相关的创新成果占全部成果的 15.1%。但是，围绕这一主题没有能够产生一等成果，二等成果的排名名次也相对靠后，作为一个传统的管理创新领域，企业应继续围绕精益管理积极进行探索。具体创新做法主要集中在管理提升（11 项），精益管理（8 项），

产业链整合与优化（6 项），质量管理（6 项），以及其他方面（2 项）。运营管理的本质在于降低成本、提升效率，通过逐步优化、改进生产工艺流程与技术措施，在现有技术经济条件下，多次突破极限产能、最低成本，并取得良好品质。

实施降本增效是企业经营的必然选择。鞍钢集团朝阳钢铁有限公司针对高炉生产的工艺特点，不断总结高炉强化冶炼生产管理、操作经验和教训，统筹分析影响高炉生产的各种因素，对标先进、经济管理、精准调整，以实现高炉长周期稳顺、生铁成本最低为目标，找到了低成本、低消耗与高效冶炼之间的平衡点和最优解的有效路径。陕西延长石油（集团）有限责任公司通过优化生产运行机制、组织运转架构、管理监督制度、安全生产模式等，实现工作任务的清单化管理、项目化推进、动态化考核，使之与技术发展和生产需要相适应，有效地缩减生产周期，促进生产降本提质效果明显增强。中国航发哈尔滨东安发动机有限公司以降低装备成本、提高经费使用效益、支撑高质量可持续发展为宗旨，从目标、运营、支撑三个层面，构建高瞻远瞩的成本工程战略蓝图，铺就战略赋能的业务降本路径并落地实施，形成以“三维目标、四化路径、六大支撑”为核心内容的航空发动机成本工程体系。

精益管理是企业运营管理实践中最为经典的管理模式。高质量发展要求通过管理创新举措，实现从粗放式管理到精细化管理转变，从成本化管理到效益化管理转变。中国石油天然气股份有限公司华北油田分公司在追求勘探效益最大化、成本管控有效化、技术创新持续化等方面做出了很多突出成绩，通过强化一线管理实现生产精益，通过技术信息共享实现技术精益，通过强化提质增效实现经营精益，通过强化勘探开发一体化管控实现管理精益。株洲冶炼集团股份有限公司应用精益管理工具和方法，通过对人、机、料、法、环调研写实，构建“123”成本精细化管控机制，强化“全员头上有指标，节约成本人人有责”的精细化管理落地，落实部门管理穿透到班组一线，达到“职能部门监管 + 督导人员推进 + 生产厂自主”三方面协同管控的效果。首钢京唐钢铁联合有限责任公司通过近十年以来对精益管理工具、理念的引入学习、实践拓展、创新完善，构建了以现场标准化管理、全员快速改善为核心，以精益教育培训、快速激励机制为支撑的钢铁企业精益管理体系，实施以系统推进、全员参与、持续改善、专业融合、文化引领为主要内容的具有钢铁企业特色的全员快速改善活动，推动了企业高质量发展。

通过整合产业链供应链上下游实现协同优化。全产业链整合与升级能够增强企业抵御环境风险的能力。尤其是中小企业通过补链强链，不断完善产业链供应链，与处于供应链上下游的企业建立起长期稳定的合作关系，产业链上下游稳定原材料的供应和产供销配套协作从供给侧为国内大循环奠定基础。新疆银朵兰药业股份有限公司通过药材种植、药品制造、研发创新与市场营销关键环节把控，不断升级优化“种植基地 + 生产制造 + 科研院所 + 市场营销”的产业化经营模式，打造集药材种植、生产、销售、研发于一体的民族药全产业链。吉林华微电子股份有限公司通过全链条垂直整合与升级，塑造了垂直领域差异化优势，推进了半导体自主可控与国产化替代，推动了企业转型升级与产业蓬勃发展，打造出了具有鲜明特质的民族半导体品牌。华能国际电力江苏能源开发有限公司清洁能源分公司对影响项目采购成本的主要因素及传统采购成本管理的主要问题进行了分析，从管理角度研究出了一系列降低采购成本的解决方法，经过一段时间的推行，采购效率得以大幅度提升，新能源项目的建设、运营的全生命周期成本得到合理控制。

产品质量和可靠性是企业的立命之本。华北制药股份有限公司依据全面质量管理（TQM）理论，通过分析影响质量的六大主要因素：人、机、料、法、环、测，同时充分借鉴 ISO 9001 质量管理体系的风险控制理念，实现了药物警戒管理体系与 ISO 9001 质量管理体系的有机融合，首创药物警戒管理模式，贯穿于药物研发、药品注册审批、药品生产、药品营销、药品使用的全生命周期管理，确保公司药品安全。上海宇航系统工程研究所（以下简称上海宇航所）通过将型号研制的质量管理要素与数字化相结合，把产品、活动事项等活动产生的质量数据对象作为实体，以数字化过程质量确认制取代传统质量评审制，推动质量过程控制更加及时有力地支撑我国宇航型号科研生产管理模式的优化升级。

（四）深化国有企业改革，推动市场化机制创新

管理创新发力重点之四在于深化国有企业改革。深化三项制度改革是激发活力、提高效率、提升劳动生产率的必然要求。《国企改革三年行动方案（2020—2022 年）》提出，“健全市场化经营机制，尊重市场经济规律和企业发展规律，紧紧围绕激发活力、提高效率，切实深化劳动、人事、分配三项制度改革”，把“在提高国有企业活力和效率上取得明显成效”作为重要改革目标。2022 年，国有企业不断突破一些严重制约企业高质量发展的体制机制的固化、传统思维的限制，构建以深化三项制度改革为核心的市场化机制，充分激发员工活力，提高企业生产效率。与深化改革主题相关的创新成果有 19 项，数量并不是很多，但涌现出 6 项一等成果，占全部 34 项一等成果的 17.6%。具体创新做法主要集中在体制机制改革（7 项），企业治理、集团管控与绩效管理（6 项），混合所有制（4 项），以及其他方面（2 项）。深化改革需要正视问题，破除积弊，加快构建市场化运营机制，使企业活力动力进一步增强、效率效益进一步提高，不断增强企业竞争力、创新力、控制力、影响力和抗风险能力。

以市场化机制为核心推动体制机制改革。针对市场化运营机制还不健全，

存在体制不顺、机制不活、动力不足、管理链条较长、授权放权力度不够、身份级别意识强、公开选拔程度低、“能上不能下”等问题。鞍钢集团有限公司（以下简称鞍钢集团）紧紧围绕激发活力、提高效率，把改革作为“关键一招”，持续探索以深化三项制度改革为核心的市场化机制构建的新方法、新举措、新机制，深入查找自身存在的短板弱项，不断完善体制、转变机制，建立健全更加完善、更加丰富的制度体系，形成改革“工具包”，打出一套更具新时代特点的以深化三项制度改革为核心的市场化机制构建“组合拳”。中铁十七局集团有限公司作为国有大型建筑企业，面对新时代建筑业市场规模缩减、竞争激烈、盈利走低等重大挑战，遵循“价值最大化、内生驱动式、增长可持续”的高质量发展范式，实施战略、机构、资源、运营全面面向市场的发展战略，构建“组织、市场、产品、模式、理念”的“五位一体”协同经营体系。中国联合网络通信集团有限公司北京市分公司锚定企业整体效能提升这一目标，扭住三项制度改革关键环节发力攻坚，打破国有企业发展中人员“规模困境”和人才“能力关卡”制约以及“泛行政化”机制束缚，突出“绩效决定位置”“效能决定岗位”“效益决定薪酬”，不断完善市场化经营机制，持续提升管理水平和效能。

公司治理、集团管控、绩效考核等规章制度是“企业内部法”，是企业核心竞争力的重要构成要素。中国华能集团有限公司从世界一流企业管理实践中总结经验，经过多年探索和反复实践，提出了更加贴合绿色发展趋势、更加适应高质量发展节奏、更加有助于企业实现管理提升的多维度全周期业绩考核管理体系。中国华电集团有限公司（以下简称中国华电）始终坚持“两个一以贯之”，健全完善中国特色现代企业制度，借鉴吸收并创新运用国内外先进的制度管理理念和工具，从加强顶层设计、创新审核机制、全面清理优化、加强督促指导、强化监督问责、厚植法治文化等方面加强制度全生命周期管理，科学构建起“三横三纵”现代化管理制度体系（“三横”由一级、二级、三级业务领域构成；“三纵”由基本制度、专项制度和实施细则类制度构成）。中车株洲电力机车研究所有限公司（以下简称中车株洲所）按照“系统谋划、分层分类、突出重点、示范引领”原则，着眼于“提效力、添动力、促合力、传压力、激活力”的目标，在“规范化治理完善现代企业制度、精准化稳慎实施混合所有制改革、差异化管控打造价值协同型总部、市场化经营构建新型经营责任体系、价值化激励重塑员工价值创造体系”等方面深化机制改革，赋能企业植入市场化基因和强化企业市场主体地位，充分发挥价值协同型总部功能定位，助力中车株洲所成为“技术引领、行业一流，高端、高效、高质量”的全球化产业集团。深圳市投资控股有限公司开发应用智慧绩效系统，打造了一个定位明确、内涵丰富、支撑有力的精准考核管理体系，为国有企业应用数字技术、完善分类考核、提升绩效管理水平提供了一套可行的技术路线。精准考核管理体系基于目标管理理念和对标管理理念，吸收数字化转型的最新成果，依托智慧绩效系统，实现对所属企业的精准分类、精准考核、精准激励。

国有资本投资管理与混合所有制改革。国有资本投资公司改革成为国企改革重要方向，并成为改革国有资本授权经营体制的重要举措。中国建材集团有限公司（以下简称中国建材）深化国有资本投资公司改革，形成了一整套具备中国建材特点的管控模式和制度体系，基本形成以公司治理为依托的治理型管控模式、以培育战略性新兴产业和做优专业化产业平台相结合的产业投资机制、以有序授权放权和综合性监督管理闭环相统一的企业管理机制、以提升全体员工效率和活力为特色的市场化经营机制。青岛军民融合发展集团有限公司为实现企业自身转型发展，聚焦主责主业，谋求多元化发展，于2019年反向混改蓬莱中柏京鲁船业有限公司，把国企优势与民企活力充分结合起来，形成一套国企民企共进、治理有效的组织结构和治理方式。鞍钢集团工程技术有限公司通过混合所有制改革，全面加强党的领导，清晰界定国有资本功能作用，促进业务结构调整，聚焦规范公司治理、深化三项制度改革等工作，完善体制、健全市场化经营机制，有效解决公司在资源、能力、技术、市场延伸、运营机制等方面的瓶颈和短板，增强了公司治理能力、发展活力和核心竞争力，激发了公司的内生动力。中铁高铁电气装备股份有限公司以实现高质量发展为目标，紧抓资本市场推出科创板和分拆上市政策的有利契机，通过制定混改规划，引入战略投资者，健全管理体系，建立市场化机制，强化上市管理，成功于2021年10月从中国中铁分拆至上海证券交易所科创板上市。

（五）构建自主创新体系，实现科技自立自强

管理创新发力重点之五在于实现科技自立自强。实现高水平科技自立自强，是我国建设世界科技强国的重要战略途径，是中国式现代化道路的战略支撑，是所有创新者的共同价值观念。科技创新只有实现从科学研究到实验开发，再到推广应用的三级跳，才能真正实现创新价值。对于这一要求，需要更多的中国企业去实践和验证。当前，我国科技自立自强战略的主要方向是重点突破关键核心技术，加强全要素的协同合作，2022年，中国企业从科学原理、问题、方法上集中攻关，在更多创新领域取得新突破。与科技创新主题相关的创新成果有25项，产生了6项一等成果，占全部34项一等成果的17.6%。具体创新做法主要集中在首台套和核心技术突破（13项），自主创新与科技领军（7项），创新体系（4项），以及其他方面（1项）。在我国的一些科技领域正由“跟跑者”向“并行者”“领跑者”转变的背景下，需要通过从实际问题中凝练科学问题，以解决基础理论和技术原理领域面临的各种难题，中国企业围绕这一核心任务开展的创新实践为科技自立自强提供了微观支撑。

“首台套”产品、首个工程、核心技术突破是中国企业实施科技创新管理的鲜明成果。面对核心技术封锁、产业链的短板、严重进口依赖、工程建设环境复杂等难题，中国企业在各个领域实现了“第一次”“第一个”“第一项”的不同层面的技术和工程突破。中国核动力研究设计院加快推动大型复杂核系统工程建设，针对工程设计、工艺、安装调试等诸多不确定性因素，以及资源分散、管理多头、效益不高等管理困境，基于系统学、组织管理学和卓越绩效理念等理论，打造“集简”工程管理模式，实现核电站建设周期远小于国内外同类工程，刷新了我国核技术发展史上的新纪录，走出了一条新时代自主创新发展核技术研发道路。为打破国际封锁的市场格局，满足国内交通运输、新能源、电力传输等新兴战略产业发展的需求，中复神鹰碳纤维股份有限公司（以下简称中复神鹰）作为国内碳纤维领军企业，突破关键技术，实行工艺与设备同步研发，实现碳纤维技术自主创新，以及高质量碳纤维工程化管理，企业管理效益得到显著提升。中航通飞华南飞机工业有限公司基于“飞机全价值链一体”的组织架构，采用目标管理、系统工程等理念，确定“六位一体”的新型航空主机企业全价值链管理体系，建立了大型水陆两栖飞机设计制造一体化研制体系和模式，显著提升了设计制造的并行程度，最大限度地发挥了并行协同的效益。麒麟软件有限公司（以下简称麒麟软件）不断加大研发力度，推出全新一代银河麒麟操作系统 V10，推动产品性能大幅度提升，全面支持飞腾、鲲鹏、龙芯、海光、兆芯、申威六款主流国产 CPU，并且全面兼容安卓应用，在综合性能、内存带宽、图形显示等方面高于同类产品 17% 至 397%，实现了国产操作系统的跨越式发展。中国铁路国际有限公司面对老挝不同于中国铁路建设的复杂环境和组织推进难题，始终坚持以“一带一路”、中老友谊标志性工程理念为统领，围绕“精品工程、廉洁之路、中老友谊”三大任务，紧扣体制机制基础建设、质量、安全、工期、投资、环保等建设管理要素，推动中老铁路开展境外铁路组织管理创新，尽早推动中老铁路正式开通运营。中国石油俄罗斯公司创建形成“超前选区、高效评价、共谋合作”的跨国资产主动获取模式，实现亚马尔、北极 LNG2 两个特大型天然气一体化项目的获取突破，标志着中国企业在俄罗斯北极地区油气勘探开发、液化、运输及销售一体化合作的巨大成功，提升了中国在北极这一具有战略意义地区的话语权。此外，首个百万吨级 CCUS（捕集、利用与封存）项目建设、海上油田注水开发、黄河流域生态脆弱区电网建设、致密气田新型国际合作高效开发管理、首台套 IGCC（整体煤气化联合循环发电系统）示范电站的跨领域融合管理等成果都具有各自的独特性特征。

以自主创新推动进口产品和部件的国产化替代。芯片、操作系统等关键共性技术创新存在引进和模仿路径依赖等问题，未能形成从基础理论创新到做强产业各个环节有效衔接和科学匹配，一批“卡脖子”“急难重”问题急需攻克。随着国际地缘风险和科技封锁不断加剧，高科技产品创新、技术储备和国产化替代需求更加迫切。中国船舶集团有限公司第七一三研究所构建并实践以自主可控为根本特征，“基础研究、技术突破、成果转化、产业应用”四位一体的全新管理架构，以强化战略引领、深化基础技术研究、突破关键技术、产学研用协同技术创新，推进高端智能传感器技术自主可控并实现产业化。中移物联有限公司在攻克关键核心技术问题上勇担重任，承担芯片、平台、操作系统、物联网安全、5G 组网及应用等国家级核心技术研发项目，聚焦关键“卡脖子”环节，提升自主创新能力，助力国家抢占物联网技术的领先优势。

构建与完善科技创新管理体系。作为我国航空发动机研制的“国家队”和龙头企业，聚焦主业发展，早日研制出独立自主、技术先进、质量可靠的航空发动机和燃气轮机，是中国航发动力股份有限公司（以下简称中国航发）践行中共中央和国家战略任务的使命担当。中国航发发挥新型举国体制优势，应用系统工程、项目管理、并行工程、流程管理、激励理论等科学管理方法，加快转变研发理念，以“一次成功”为目标，创新研制管理模式，加大研发投入和仿真技术研究应用，建设数字化研制平台，聚集优势资源，体系化协同开展关键核心技术攻关，着力培养和造就一支高素质人才队伍，以只争朝夕的紧迫感，加速航空发动机科技自立自强进程。鞍山钢铁集团公司（以下简称鞍山钢铁）按照强力组织、充分放权、高效管理、有效激励的原则，聚焦国家重大战略需求和国际科技竞争的前沿领域，通过统筹资源，精心策划，依靠“策源地”建设提升原创技术需求牵引、源头供给、转化应用能力，推出了“海洋装备用先进钢铁材料原创技术策源地”建设方案。中国航空工业集团公司成都飞机在充分发挥航空领域前沿技术引领作用，从传统型装备的跨代研制到颠覆性技术的探索预研方面，在迈向更高、更快、更强的空天领域新征程上，突破技术领域的限制，走创新融合发展之路，形成了一套空天融合项目的管理规范，构建了空天融合项目的创新研发流程，以及适应空天融合项目质量管理的工具和方法。

（六）推动绿色低碳发展，实现绿色生产与用能

管理创新发力重点之六是要高度重视绿色低碳转型。绿色发展是未来不可阻挡的世界趋势和潮流。围绕这一主题，人类社会生产生活方式将发生巨大变革与转型，将会产生人类文明的新观念、新标准与新规则。尤其是随着全球气候变化对人类社会构成的重大威胁，越来越多国家将“碳中和”上升为国家战略，提出了“无碳”未来的愿景。中国作为世界上最大的发展中国家和煤炭消费国，政府基于可持续发展的内在要求和构建人类命运共同体的责任担当，适时提出“双碳 3060”长远发展目标。与绿色发展主题相关的创新成果有 18 项，产生了 1 项一等成果，占全部 34 项一等成果的 2.9%。具体创新做法主要集中在低碳服务（11 项）、绿色生产（6 项），以及其他方面（1 项）。在绿色低碳技

术研发、生产经营及模式创新方面，企业“冲锋在前”“不甘人后”，都在不遗余力地进行技术布局，创新业态，积极抢占绿色低碳发展制高点。

提供绿色用能和低碳管理服务。国网上海浦东供电公司将先进的信息通信技术与能源技术深度融合，成立临港能源服务中心，提升新能源供应、推动能源消费“碳治理”、促进“碳生态”发展，推进清洁能源接入电网并100%消纳，打造贯通新能源供给、消费和碳管理的全价值链低碳发展模式，2021年助力临港新片区每年降低碳排放50.56万吨。国家电网湖州公司通过实施基于“碳效码”的“供电+能效服务”运营管理，建成跨部门层级、跨业务种类、跨行业标准的管理工作链，实现政府经信局、统计局、供电公司等部门之间的39类重要数据和20余个事项融通，协同推动了公司“供电+能效服务”工作高效开展。利用“碳效码”实时动态监测企业碳排放数据，提前预警，为企业提供包括能源替代、节能改造、回收利用等在内的建议和措施，辅助企业整改到排放合理阈值范围，促进了节能减排有力有序推进。

推动全产业链绿色发展。石化产业从事能源加工转换和石化产品生产，同时又是高耗能产业，既要实现自身的绿色发展，又承担着推动全社会低碳转型、保障国民需求和经济发展的重要责任。因此，在“碳达峰、碳中和”这一新目标、新形势下，石化产业的发展也将会发生深刻变革。唐山三友集团有限公司秉承“产业链接、工艺衔接、资源集约、产业集群”的循环经济发展思路，充分考虑各产业间的相互关系，尤其在各产业间的主导产品和副产品上，分析各产业间的紧密度，让各产业间互为上下游，构建内部可循环的产业链，实现产业链副产品的优化再利用，实现吃干榨净，促进节能降耗、成本降低、挖潜增效，各产业之间实现供需循环、产业链共生。天辰化工有限公司通过将以全面绿色低碳发展为目标的循环产业链管理引入生产经营全过程，建立“煤—电—

电石—聚氯乙烯—电石渣水泥”主导产品产业链的同时，构建废气、废水、废渣资源综合利用产业链，使产品循环链大循环和三废循环链综合利用有机结合，形成内外循环、大小循环相结合的循环产业链，该产业链实现资源的闭路循环，有效促进资源节约集约循环利用。玲珑集团有限公司按照轮胎全生命周期，将绿色制造管理主要划分为绿色研发原材料采购、绿色工艺绿色生产制造、废旧轮胎综合利用三大方面，并立足上下游产业链和其他组织开展绿色低碳合作，致力于打造全产业链绿色低碳发展。华新水泥将绿色低碳作为公司长期发展战略，并将成为收益指标领先的低碳可持续发展行业先锋作为公司的战略目标之一，持续对建筑材料全生命周期循环全过程中的绿色低碳化进行技术突破和管理创新。秉承“温暖全世界”的初心使命，波司登从 ESG（环境、社会和公司治理）管理、以人为本、产品先锋、自然向好四大维度全面履约 ESG 责任，推动价值链绿色化，将各项 ESG 管理行动与联合国可持续发展目标（SDGs）对标，并识别出 7 个重要性较高的议题，制订相应行动计划持续提升责任绩效。

（七）持续赋能人力资源，培养干部与人才队伍

管理创新发力重点之七是持续赋能与建设人才队伍。随着企业规模的成长，在组织管控、资源配置和人才管理等方面需求多变，结构复杂、数量庞大的员工队伍的动态信息和情况难以及时掌握，公司的管理理念、制度、流程、标准、工具等需要进一步规范统一和优化升级。人才是兴业之本、创新之源，最大化激发人才创新创造活力、提升人力资源全要素生产率及合理的人才配置，有助于推进企业高质量发展。与人才培养主题相关的创新成果有 15 项，产生了 1 项一等成果，占全部 34 项一等成果的 2.9%。具体创新做法主要集中在人才与干部队伍培养（6 项）、构建人力资源管理体系（4 项），完善激励制度（3 项），以及员工服务等其他方面（2 项）。在人才培养方面，如何快速吸引、培

养和储备数字化人才队伍以适应技术的快速迭代和商业模式的激变，如何创新人力资源管理模式和方法以提高管理效率和效益，是企业当前迫切需要回答的问题。

人才与干部队伍的培养。中国航空工业集团有限公司（以下简称中国航空工业集团）构建符合新时代干部工作总要求的“队伍建设六大指标”和“干部管理工作五大目标”，正向开发并常态化运行干部管理“素质培养、知事识人、选拔任用、从严管理、正向激励”五大系统，建立涵盖“目标 + 制度 + 流程 + 案例”的航空工业新时代干部工作体系手册，通过上下联动复制、借鉴、推广、实施、改进，迭代升级工作体系，建强企业干部队伍。北京能源国际控股有限公司构建形成了市场化的人才管理体系，通过人才分类管理新模式，构建职业经理人模式，以多元化的激励手段和多层次叠加的绩效考核充分调动广大员工的积极性，从而全面激发团队活力，成功打造一支富有创新力、凝聚力、战斗力的人才队伍。

构建人力资源管理体系。中国远洋海运集团按照“管理制度化、制度流程化、流程系统化、系统数字化”的总要求，打造了战略引领、专业支撑、数字赋能且能够有效助力战略目标实现的人力资源管理体系，保障“战略—组织—岗位—人员”的一脉相承和上下贯通。集团经营发展的战略意图通过组织架构设计、岗位能力素质模型搭建、人才队伍能力标准建立一以贯之地进行层层传递，在保证集团统一要求的前提下兼顾了不同业务单元、不同工作岗位的个性化需求，为扎实推进各项战略举措打下了坚实的基础。中国石化集团共享服务有限公司南京分公司聚焦服务支持集团战略和企业转型主责主业，以数字化、平台化为基础，全面推进集团人力资源共享业务管理。通过“流程 + 标准”“基础 + 增值”“线上 + 线下”“数据 + 平台”，构建了“4+1+N”服务业务体系，推动人力资源管理转型。湖南高新创业投资集团有限公司强化多层次人才体系顶层设计，探索出了一条适合国有资本投资公司高质量发展的多层次人才路径，构建了一套符合省属国有资本投资公司多层次人才发展的保障体系，推出了一批多层次人才“引、用、育、留”务实适用的创新举措，多层次人才体系构建日趋完善。

完善员工激励方法与制度。大庆油田有限公司通过大量扎实细致的写实和类比评估，建立了一套统一的能够覆盖基层班（站）主要生产要素的综合评价体系，实现员工工作量及其价值的精准评价，从而使奖金分配由按人头、按系数的宏观相对公平向按工作量、价值量的微观量化公平转变，更好地实现劳酬对等、工效挂钩，充分挖掘员工效能。中国航天科技集团有限公司第五研究院（以下简称五院）以提升人才管理体系运行效率和效果为目标，率先将积分制理念方法应用于大型航天科研院所，构建了一套有效适应五院人才管理需要的积分要素体系，将积分制管理有效应用于人才选拔任用、培养发展、科学评价和激励约束等各项人才管理环节，加速推动人才管理体系方法创新变革，有效提升人才管理效率和效能，实现了人才管理体系的“进阶式”发展。中车青岛四方机车车辆股份有限公司（以下简称中车四方）实施了基于“共创共享”理念的业务单元管理变革。着眼于内部组织单元经营定位和职能分工调整，全面构建四级运营体系，实施以“3321”为框架的组织绩效考评体系变革和以“工资包”为模式的薪酬工资分配改革，以市场化经营为基本原则，探索形成一套适用于企业内部“责权利”匹配、激发全员活力的实践方法和管理机制，实现了制造单元由生产管理向经营管理的逐步转变，职能部门由集权管理向“支撑＋管理”转变，有效激发了各部门主动经营管理的意识，提升了企业运营效率。

三、未来展望

进入新时代，中国经济的增长逻辑从要素驱动、投资驱动向创新驱动转变，发展方式由规模速度型向质量效益型转变，管理创新是推动经济转型的重要动力。管理创新越来越成为展现企业竞争的主战场，企业实力与能力的坚实支柱，创新发展的新高地。

数字经济和绿色发展是管理创新两大重要选题。从 2022 年企业管理创新成果看，与数字经济相关的成果偏多，与绿色发展相关的成果偏少。值得注意的是，数字化只是企业管理创新的主赛道之一，在人力资源、绿色低碳、创新管理、国企改革等多个领域，应该产生更多高水平的管理创新成果。

党的二十大报告指出，科技是第一生产力、人才是第一资源、创新是第一动力。除了科技与人才外，创新还包含着数字经济、绿色低碳、战略成长、提质增效等内容，围绕科技、人才、创新三大领域，未来必将产生更多的管理创新成果。从最近几年的管理创新成果看，每年人才培养和激励的成果相对较少，如何充分发挥人才队伍的创新动能，充分调动人才队伍的内生动力，如何构建一体化的人力资源管理体系，是人力资源管理领域的重大挑战，而这也是企业管理创新工作应该挖掘和加强的重点领域。

此外，围绕中国特色总结与凝练管理创新成果也将成为主要领域。管理体系和管理制度是企业核心竞争力的重要构成要素，也是实现企业治理体系和治理能力现代化的内在需要。在建立现代企业制度体系方面，企业肩负着充分发挥中国特色社会主义制度优势，建立符合国有企业特点、民营经济特征的管理制度体系的重要使命。

企业在开展商业活动的过程中积累了丰富的管理知识，并且学习、传播如何运用已有的管理知识去指导和支撑管理活动更为有效开展。通过开展管理现代化成果评定活动，汇聚了政府、协会、企业、学者等不同的主体，为企业提供了丰富的管理实践，而这些实践往往是最前沿、最先进的，再加上形成了一套成熟的管理成果学习和推广体系，这就共同构建了中国企业管理实践范式，这一强调“实践”的管理范式有助于理解中国经济增长的微观基础，有助于更好地总结中国式现代化道路的成功经验。

第二章

第 30 届总报告：对冲经济下行压力，持续提升管理效益

因为管理创新成果申报周期的滞后性，新冠疫情、地缘政治、经济增长放缓等外部不利因素对于企业经营的负面影响在 2023 年开始显现。中国企业通过实施管理创新，顶住外部压力、克服内部困难，积聚“进”的力量，回升向好态势持续巩固，在运营管理、战略管理、数字经济、创新管理、人力资源、绿色发展、深化改革等诸多方面取得扎实成效，发展的信心和底气不断增强。尤其是在不断整合科技创新资源形成合力方面，企业以科技创新推动产业创新，在产业创新中融合管理创新，我国经济发展的动能更强、底气更足，一系列大国重器、重大科技工程亮相，是我国加快发展新质生产力、构建现代产业体系、塑造发展新动能新优势的写照。

一、样本描述

2023 年，全国企业管理现代化创新成果审定委员会组织开展了第 30 届全国企业管理现代化创新成果的申报、推荐与审定工作。截至 2023 年 9 月底，共收到 124 家推荐单位推荐的 826 项成果申报材料，比去年增加了 162 项。

根据初步分析，全国 31 个省、自治区、直辖市以及香港特别行政区［中国船舶（香港）航运租赁有限公司］，大连、青岛、宁波、厦门、深圳 5 个计划单列市都有企业申报，涵盖农业、国防、电力、石油、石化、轻工、通信、钢铁、铁道、矿山、煤炭、建材、纺织、汽车等重点行业。54 家中央企业推荐或申报了成果，去年是 35 家，增加了 19 家；50 余家其他 500 强企业推荐或申报了成果。此外，有 129 家中小企业今年申报了成果，比去年增加 28 家；41 家民营企业今年申报了成果，与去年持平。从区域分布、所有制属性、企业规模、营业收入等维度看，申报企业有着广泛的代表性。

经组织有关专家进行初审、预审和答辩，并进行社会公示后由全国审委会组织终审，有 241 项被审定为第 30 届全国企业管理现代化创新成果，其中一等成果 35 项、二等成果 206 项。从规模来看，大型和特大型企业 210 家，占比约 87.1%，中小企业 31 家，占比约 12.9%，与上一年基本持平；从行业分类上看，入围企业所属的前五大行业分别为制造业 94 家、电力 40 家、服务业 39 家、科研院所 26 家、采掘业 23 家。

从创新主题看，主要包括运营管理、战略管理、数字经济、创新管理、人力资源、绿色发展、深化改革 7 个领域。其中，与运营管理相关的创新成果有 85 项，占比 35.3%；与战略管理相关的创新成果有 36 项，占比 14.9%；与数字经济相关的创新成果有 30 项，占比 12.4%；与创新管理相关的创新成果有 28 项，占比 11.6%；与人力资源相关的创新成果有 21 项，占比 8.7%；与绿色发展相关的创新成果有 20 项，占比 8.3%；与深化改革[①]相关的创新成果有 15 项，占比 6.2%。此外，还包括少数以品牌管理、营商环境、智库建设等为主题的管理创新成果 6 项，占比 2.5%。

在 35 项一等成果中，从所有制看，中央企业 8 家，中央企业下属公司 13 家，地方国有企业 8 家，民营企业 6 家；从成果企业所在地区分布看，北京 13 家，辽宁 3 家，山东 3 家，江苏 2 家，河北 2 家，四川 2 家，内蒙古 2 家，浙江、江西、湖北、天津、湖南、上海、安徽、河南等地均有 1 家企业入围，在计划单列市中，青岛入围 1 家企业。

二、创新主题

第 30 届全国企业管理现代化创新成果充分反映了我国各类企业以习近平新时代中国特色社会主义思想为指导，完整、准确、全面贯彻新发展理念，深入实施国家“十四五”规划，加快推进新型工业化，着力实现企业高质量发展的最新创新实践，涵盖了企业经营管理各方面，具有很好的示范引领作用。

（一）推动提质增效，提升管理与运营效率

以管理提升与精益管理、提质增效与成本管理、工程与生产管理、数字技

① 并购重组与深化改革合并计算。

术提升管理效率等做法为代表，企业通过降低生产成本，不断提高成本竞争力。2023 年，行业和市场环境的剧烈变化对企业经营管理带来了严峻挑战并提高了企业的竞争力，传统的管理方法已无法与企业的发展需要相契合，企业需要更高效、更灵活的管理方式，将精益化管理作为管理工作的核心，持续优化价值链条。与运营管理主题相关的创新成果占全部成果的 35.3%。围绕这一主题，产生了 8 项一等成果，占全部 35 项一等成果的 22.9%，企业通过管理提升与精益管理，采用数字技术逐步优化、改进生产工艺流程，在现有技术经济条件下，多次突破极限产能、最低成本，并不断提升管理效率。

1. 实施管理提升与精益管理

管理提升是一项长期性、系统性工作，企业管理提升进入整体推进、系统提升、科学发展的战略主导层面，形成了以战略为主导、以管理为支撑、以创新为动力、以文化为引领的管理提升与优化格局。

国家电网坚持“不断超越自我，追求‘只有更好、没有最好’”的卓越精神，从服务内容、服务方式、服务生态、增值服务四个维度开展创新，开创性地构建卓越服务管理体系架构，重塑基础业务服务流程，打造超预期多元服务产品，搭建高效能服务系统，构造产业链上下游服务生态。围绕城市餐厨垃圾和厨余垃圾等有机固废处理业务，湖南仁和环境股份有限公司构建高效协同管理体系，从垃圾收运开始，到集中处理和最终处置各环节，做到城市有机固废的“全覆盖收运、全流程梳理、全资源利用、全社会参与、全产业协同”。上海外高桥造船有限公司将精益管理的范围拓展至整个供应链范围，致力于围绕邮轮多级计划、设计采购、物流集配、生产建造，打通各环节的信息壁垒和多部门协同渠道，打造一体化的邮轮建造物资生态链。

华能澜沧江公司立足水电板块印发了《水电厂创一流管理办法》，从“管理、环境、设备、运维、检修、人才、绩效、形象”8个维度明确了“一流水电厂”的各项指标体系，华能糯扎渡水电厂以此为行动指南制定全面对标提升措施，建立了一套符合现代水电生产运营实际的科学管理模式和机制，在生产运营效率、生产成本、科技研发投入等方面达到行业领先水平。枣庄矿业（集团）有限责任公司构建“三精四全”精益管理体系（“三精”为“精益生产管理系统”“精益质量管理系统”“精益运营管控系统”），开展精益生产诊断，优化工艺工序，实施生产现场改善提效，驱动全员实施精益改善。

2. 推动提质增效与成本管理

企业经营的基础是降本增效，就是要大力降低生产成本，不断提高成本竞争力。成本是企业的核心竞争力，是企业的生命线，没有世界级成本就做不到世界级规模和世界级产品。

鞍钢集团矿业有限公司认为侧重当期的、局部的、压降式的成本管理方法已不可持续，需要开展全生命周期、全要素覆盖、全方位系统联动、以技术与管理创新为驱动的战略成本管理，强化企业内部价值网、行业价值网、行业外部价值网管理，实现三网联动价值，构建战略成本管控的保障体系。中国洛阳浮法玻璃集团有限责任公司在企业的生产经营过程中，严格推行生产管理科学化、质量管理标准化、现场管理制度化、成本管理效益化、经营管理市场化、绩效管理精细化，实现了提质、增收、节支、降耗，持续推动企业高质量发展，运营质量不断提升。

中国石油天然气股份有限公司新疆油田分公司坚持“增储必高效”，深入开展“多维度”勘探项目质量效益提升管理研究，以“精、细、深、实”为标准，创新和建立管理办法及管理体系，全面推进勘探管理提质增效。茅台集团创新提出“365”质量管理体系，通过实施“五个一”工程完善供应商管理体系，以“链长制”推动采购质量水平提升，通过“数据 + 经验”融合工艺管理以强化生产质量高标准严管控，搭建全过程、全场景、数字化质量管理平台，在文化、品牌、人才和生态方面创新提出“五匠”质量观，推动质量管理水平有效提升。

3. 优化工程与生产现场管理

在工程建设和生产运营中，企业把安全作为红线，把质量放在首位，把保护好生态环境作为前提，重点围绕安全、质量、生态三个方面，一体化协同推进，不断创新管理新机制，切实提升管理水平。

中国铁路国际有限公司承建的匈塞铁路是中国铁路走进欧洲的首个项目，也是中国铁路技术标准和装备与欧盟铁路互联互通技术规范对接的首个项目，经过全体建设者的不懈努力，2022 年 3 月 19 日贝诺段项目正式开通运营，标志着匈塞铁路取得重大进展，带动塞尔维亚及周边国家相关产业的发展。浙江启明海洋电力工程有限公司针对在复杂海况的海底勘测、不同海床下的海缆沟挖掘深度与精度、施工船的载缆量等方面存在实际困难，聚焦海缆工程建设技术、装备、施工等关键难题，提出以“技术优先、品质优秀、服务优质”为核心理念的海缆工程建设与运维体系构建路径。国网特高压公司贯彻落实习近平生态文明思想，探索全面落实生态环境保护的特高压电网项目群建设管理，充分运用项目群“集约、协同”的核心思想，实施以“四集三化”为特征的特高压电网项目群生态保护管理，统筹推进 30 余项特高压交直流工程建设。

中国航空工业集团提出了“均衡生产”的理念，寻求航空制造产业链条下的最优能力配置，实现航空装备“好、快、多、省、实”的高质量均衡供给能力，实现集团全产品群供应链安全韧性、高效协同、敏捷响应的高质量均衡生产，保障了集团各项产品的保量保质交付，带动了航空产业整体技术制造及管理能力的提升，促进了全产业链、供应链的换代升级。西安北方庆华机电有限公司坚持以人为本的理念，以“零伤害”为安全发展目标，结合火工生产特点和涉火生产企业风险属性，强化火工安全生产规律总结与实践，通过组织形式创新、业务流程再造和精细化管控，定标准建规范、重实践讲实效，构建以“能间接不直接、能量小不量大、能静态不动态、要处理先钝化”为核心的涉火企业安全生产管理体系。

4. 以数字技术提升管理效率[①]

数字技术将成为企业提高能效的主要抓手。拥抱先进数字技术，变革传统管理理念，打造高能效的智能工厂运营管理成为达成企业战略目标的必然选择。尤其通过数字化融合及废旧利用，使钢铁、建材、化工等高耗能企业与产业进一步提高能效，减少排放。

中海油转变管理方式，推进油气生产从“传统模式”向“数智赋能、绿色低碳”升级，以提高采收率、提高单井产量、降低递减率的“两提一降”为核心，围绕开发生产核心业务，推动智能油气田建设及平台无人化、少人化工作，数智技术赋能海上油气开发生产业务，助力海上油气田降本、提质、增效、安全。济民可信（高安）清洁能源有限公司以先进的煤制气自动化生产线和独特的

① 有 14 项以数字技术提升生产效率的成果并入本节主题。

气热电联产工艺方法为基础，将“精益管理理念”“两化融合”“智能制造”有效深度融合，通过管理变革、组织升级、制度体系建设、智能装备提升、工艺优化、数字化平台建设与大数据应用等途径与方法，成功构建包含敏捷供应、精益工艺、柔性生产、智能诊断、精准决策的高效能智能工厂五大运营管理能力。

中国石油天然气股份有限公司长庆油田分公司第一采气厂确立“自动化、一体化、协同化、智能化”为企业数智转型的根本方向，围绕“科技赋能、管理自主、业务协同”三大主线，全方位应用智能感知、设备自控、物联网、大数据、云计算等新一代信息智能技术，成功将数字化、自动化、智能化建设渗透到气田生产运行、科技创新、安全环保、经营管理等各个方面，构建了以“全面感知、透明可视、智能分析、预测预警、协同高效、辅助决策”为特点的智能采气厂管理模式。中航电测仪器股份有限公司通过揭示专精特新企业背后体系运营的逻辑与规律，将现有多种数字化管理体系进行整合，构建起一套通用性、实操性强，迭代起点水平较高的一体化运营管理体系，自主设计研发了一体化的企业数字运营管理平台，助力企业管理水平、运营效率提升和可持续发展。

（二）实施战略创新，构建企业整体竞争力

面对经济下行压力，企业不断寻求新的增长点，推动业务增长与业态创新，优化资产管理能力，管控经营风险，提升竞争实力与综合能力。与战略管理主题相关的创新成果约占全部成果的六分之一，其中有 10 项一等成果，占全部 35 项一等成果的 28.6%，具体创新做法主要集中在创建世界一流企业、新业务培育与创新、资产与风险管控、实施跨国经营，以及提升核心能力等方面。

1. 以核心能力创建世界一流企业

创建世界一流企业，对于推动企业高质量发展和产业升级，提升国家经济竞争力和创新能力具有重要意义。在政策文件中，从“培育”到“加快建设”，再到“大力建设”，凸显了新形势下建设世界一流企业的重要性、紧迫性。

江西铜业股份有限公司贵溪冶炼厂作为世界唯一一家单体产能超过百万吨的炼铜工厂，在建成世界一流炼铜工厂的道路上实现产能规模的遥遥领先到核心指标、管理水平的进位赶超，最终建成了“工艺装备、科技创新、环境保护、现代化管理”四个领先的世界一流炼铜工厂。首钢智新电磁公司瞄准高端电工钢产品，立足高端化市场需求，与上下游产业链高效协同，着力开展“用户应用研究＋用户服务”“四驱研发创新”“精准质量管控＋智能制造”“全球化营销服务”等多项管理创新实践，成功走出了一条传统企业高端化转型发展的新路。河南豫光金铅集团有限责任公司探索以创建世界一流为目标的专精特新企业建设路径，锚定“专业突出、创新驱动、管理精益、特色明显”的发展方向，在循环经济、科技创新、智能制造等高质量发展方面起到了良好的示范作用，实现了管理绩效、经营质量和竞争优势的全面提升。

中国企业尽管在世界500强排名中占比较多，但企业核心竞争力还有待进一步提升，从新兴业态、创新升级、协同发展等方面全力提升经营水平，不断增强业务带动能力和核心竞争力。四川九洲电器集团有限责任公司从30项业务能力中凝练出4项关键能力（快速研发能力、柔性保障能力、全域质量能力、精细控本能力，分别对应于高效交付竞争力、可持续交付竞争力、高质量交付竞争力、低成本交付竞争力），并持续推动核心能力迭代升级。上海航天技术研究院开展了以资源高效配置为目标的核心能力体系构建，建立了贯穿“能力体系设计、能力体系治理、能力体系评估”全链路的核心能力体系总体架构，推动资源配置由任务驱动向能力牵引转型，由跟随保障向面向发展转型，由全面铺开向聚焦重点转型。安徽江淮汽车集团股份有限公司围绕国际散件组装业务核心能力建设工作，提炼出国内外循环联动的散件组装业务核心能力建设模型——六力模型，在构建面向市场的组织管理体系能力、形成海外工厂规划建设能力、强化组装本土化能力、提升部件地产化能力、夯实集散精益化能力、建设业务数字化能力六大方面，进行了卓有成效的创新研究与迭代升级。

2. 推动新产业、新业态发展与升级

企业瞄准细分高端市场，通过技术创新、产品创新、数字化创新等多种创新方式加快推进企业高端化转型，提升产品附加价值，扎实推进世界一流企业建设，加快培育企业高质量发展新动能。

浙江吉利远程新能源商用车集团有限公司始终践行绿色智慧互联发展战略，提前布局前瞻性新能源动力路线，聚焦绿色智能，打造绿色慧联、万物友好、醇氢科技三个市场生态平台，以及汉马科技、远程科技、醇氢科技三驾马车，致力于实现“创造智慧互联，引领绿色商用”的愿景目标，引领新能源商用车行业变革。合肥市产业投资控股（集团）有限公司形成以“新稳态渐进三角”为核心的战略性新兴产业发展管理思路，实现了对合肥重点发展的战新产业全领域布局，建成了一批具有产业带动、产业集成作用的大基地、大产业、大项目，同时围绕产业链上下游布局了一批链群企业。结合大湾区优势产业，广东恒健控股公司重点选择新一代电子信息、汽车产业、先进材料、超高清视频显示、生物医药与健康、现代农业与食品、半导体与集成电路、高端装备制造、智能机器人、新能源、数字创意精密仪器设备等战略性产业作为投资领域，确

定产业链延链、补链、强链方向，围绕该方向和链主企业开展产业整合升级投资活动。

3. 开展跨国经营与国际化管理

实施跨国经营管理是参与全球竞争、提升国际竞争力的需要。中国石油天然气集团有限公司（以下简称中国石油）“走出去”从零起步，主要经历了由最初单个项目、区域布点、追求突破、奠定基础的基础发展阶段，到由点连线、由线到面、追求数量、快速增长的规模发展阶段，再到追求质量、搞大项目、提升能力的优化发展阶段“三个阶段”，形成了一套国际油气合作经营管理体系，积累了不同合同模式油气项目运营的经验，创造了一个个鲜活经营管理案例。中海油为适应快速变化的油气行业发展环境，从战略、市场、风控三个方面，统筹把握国际化业务中发展与安全、合作与斗争、整体与局部三对核心关系，体系化保障海外资产组合持续优化和高质量发展目标实现。

4. 提升资产管理与风险防控能力

近年来，我国发展的内外部环境发生诸多不利变化，企业经营管理面临诸多困难，财务管理、成本管控和合规管理等成为企业管理创新的重要内容，一些企业探索资产证券化，使用金融工具进行资产管理。此外，推进内控合规风险一体化管理，将内控合规风险管理要求嵌入业务流程，不断完善制度化、标准化、流程化的企业治理，有效发挥内控合规风险管理体系对企业的强基固本作用。

山东港口青岛港集团有限公司（以下简称山东港口青岛港）构建起 1+N 的

资产管理制度体系，资产分类标准清晰，管理流程严谨高效，管理模式覆盖山东港口青岛港本部及下属全部 76 个单位。通过管理优化，对资产建账、报废处置等管理效率提高 50%，形成有物无账资产 125 项，避免资产流失。中铁大桥局集团有限公司通过优选实施模式、强化决策审批、组建优质团队、筛选合格资产、规范操作流程、提前筹划摊还期大额资金兑付等举措，对应收账款资产证券化业务实施全过程管控，不仅能够确保资产证券化产品在既定的时间内成功发行，在存续期内保证基础资产正常归集、还款，而且能够确保有充足的合格基础资产进行后续循环购买，有效防范了应收资产证券化过程中的潜在风险。葛洲坝集团交通投资有限公司通过类 REITs（不动产投资信托基金）的结构化融资工具对内遂高速项目进行盘活，实质是用资产证券化的方式，将内遂高速的未来收益出售给类 REITs 对应优先级证券份额和次级证券份额的投资人，以完成内遂高速资产出表及盘活工作，通过资本市场募集的大规模、低成本、长期限资金推动内遂高速资本结构优化。

为防范战略规划与执行相脱节的风险，中国石化以服务和支撑世界领先发展方略为目标，以集成攻关长期价值量化模型、创新应用战略财务“六步法”、配套完善战略财务支撑机制为关键抓手，构建以“顶层设计、模型突破、创新应用、完善机制”为主要内涵的战略财务管控体系，发挥支撑战略、支持决策、服务业务、创造价值、防控风险作用，助力建设世界一流财务体系。中国华电全面推进法治华电建设，紧紧围绕“强内控、防风险、促合规”、保障企业高质量发展的目标，坚持以风险管理为导向、以合规管理为基础、以内控管理为手段，创新构建与业务深度融合的内控合规风险一体化管理协同运行机制。新奥天然气股份有限公司依托自身丰富的产业实践，运用数智技术，自主设计并搭建了国内首个针对天然气 /LNG 实纸货全流程交易的数智化风险管理体系——能源交易风控中台体系（Energy Trading Middle Office，简称 ETMO），在国内首次实现了针对实纸结合套期保值全流程的深度风险管理，有效管理了天然气采销价格的波动风险，从根本上强化了公司的风险管理能力。

（三）深化数智赋能，积极实施数字化转型

随着“产业数字化、数字产业化”理念的逐步深入和贯彻执行，工业互联网、大数据、云计算、人工智能等信息技术在迅速发展和广泛应用，并影响着各行各业的发展，赋能每一个生产过程与业务环节，智能工厂、黑灯工厂等新模式已逐步成熟。其中，与数字经济主题相关的一等成果有 4 项，占全部 35 项一等成果的 11.4%，相对于 2022 年，一等成果数量大幅下降，企业更加关注数字化转型的效果与效益。具体创新做法主要集中在数字化生产与智慧运营，数据要素与数据价值，智能装备与智慧平台，数实融合发展。企业通过数字化转型，加快产业高端化、数字化、绿色化转型发展，推动价值链迈向中高端，夺取产业竞争的制高点。

1. 实现数字化生产与智慧运营

当前，新一代信息技术与制造业深度融合，先进的传感技术、数字化设计制造、机器人与智能控制系统等应用日趋广泛，制造业形态正在发生深刻变化，呈现诸多新特征。以 5G、物联网、大数据、人工智能为代表的数字化、智能化技术，推动数字技术与制造业深度融合。

龙源电力集团股份有限公司大力实施生产数字化转型，推动前沿信息技术与新能源发电技术深度融合，形成数字化生产运维保障体系，实现人机价值“互通”、经验传承瓶颈“疏通”、作业人员自由“流通”，引领新能源行业数字

化转型，赋能世界一流新能源企业建设。南京钢铁股份有限公司（以下简称南京钢铁）构建实时可靠、安全共享、智慧决策的内部智慧工厂和外部全链路价值循环的产业运营生态，实现贯穿企业全流程、全价值链多维度的智慧运营管理，深度挖掘整体效能，拉通内部数据，提高决策速度，增强协同效益，快速应对市场变化，引领企业智慧生命体的数字蝶变。

无锡一棉纺织集团有限公司（以下简称无锡一棉）紧紧围绕“设备智能化、生产数字化、产品高值化、管理精益化”的工作方针，引进最先进的纺纱装备，重点推动智能远程状态采集的生产管理系统（MES），自主研发生产经营大数据分析平台，全面升级数字化精益生产的管理创新，形成全员参与、注重细节的数字化精益生产管理新模式。天士力医药集团股份有限公司通过开发数字化管理平台，构建全产业链数字化质量管理，并与药材资源平台和企业资源规划（ERP）系统对接实现数据贯通，实现药材—提取—制剂的全生命周期数字化质量溯源从“0”到“1”的突破；通过深入应用数字化技术实现多项管理创新。凯盛浩丰农业集团有限公司瞄准传统农业中的核心痛点，精准发力，从以智慧玻璃温室、农业大脑、品牌三大发展战略作为抓手，大力发展现代设施农业，以绿色化和智能化为核心推动蔬菜产品全链条管理进行创新和发展，重点抓住温室核心技术突破、育种育苗技术创新、在线化和智能化改造、设立自主产品品牌等做法，对加快转变农业发展方式，推动建设资源节约、环境友好的现代农业发挥重要作用。通过数字化转型、智能化升级变革，企业推进智慧运营、智能生产、智慧互联、智能运维等数字化工程，增强协同效益、精细化管理、质量全生命周期管理等能力，全面提升企业核心竞争力。

2. 探索推动数据要素价值化

近年来，车联网、云计算、5G通信、人工智能等数字技术的发展促进了企业与用户、经销商、服务商之间的互联互通。如何将市场数据资产价值化，以实现主动服务、客户直连、精准营销和价值运营，已成为企业能否成功实现从制造型企业向服务型企业转型的关键所在。企业整合内外部业务系统数据，拉通企业内部研产销及基础管理等方面的信息系统数据，以及来自外部的互联网数据，实现流程拉通和内外部数据的统一融合、共享。

东风商用车有限公司和东风日产乘用车公司针对用户痛点，综合应用智能网联和大数据分析技术，提出以客户为中心的后市场数据资产价值化能力构建方法，为创新商业模式提供实时准确的数据支持，助力后市场利润实现。同时推动全价值链应用多维度的数据模型，围绕客户全触点，构建横向贯穿“选车、购车、用车、修车、换车”的客户数字旅程，和纵向贯穿“商企、研发、营销、生产交付、服务运营”的产品数字旅程，直连客户、协同决策、敏捷响应。面向商用车轮胎在使用过程中的管理、运维及保养场景，中策橡胶集团股份有限公司基于轮胎气压监测系统（TPMS）技术推出商用车轮胎智慧管理系统（VTIS），通过故障预警、主动救援、成本管理帮助卡客车用户更好地管理车辆轮胎的状态，实现提升行车安全、降低物流成本和碳排放，相关的数据还可支持企业在绿色轮胎、轮胎个性化定制等方面做进一步拓展，推动了围绕卡客车轮胎的物流产业链的数字化、智能化、绿色化，推动企业向服务型制造、绿色化制造迈进。

3. 构建智能装备与智慧平台

随着智能化和无人化装备在生产过程中的广泛应用，企业以“机械化换人、自动化减人”实现作业岗位的机器人替代，从而减少用工数量、降低安全风险，显著提升企业生产效率。智能装备成为人工智能、大数据、物联网等先进数字技术在生产领域实际应用的重要载体和集成手段，也是智能化建设中装备创新的重要着力点。

陕煤集团神木柠条塔矿业有限公司首次实现煤矿机器人集群运行与矿井作业一体化管控，打通了机器人个体间信息交互壁垒，破解了井下机器人动力系统虚实映射与智能控制的数字孪生难题。还创新研发了煤矿井下重载机械臂高精度控制技术，成功研制出了喷浆机器人、管道安装机器人和巷道修复机器人，实现了重载机器人的人机协同—云边协同—集群协同控制。青岛啤酒在全国设有近60家工厂，共几百条生产线，同时受各生产线可生产瓶型、生产资质等原因的限制，使得青岛啤酒的供应链网络复杂度非常高，为优化产能布局，节约运营成本，青岛啤酒基于网络优化算法建立数学模型，构建智能供应链决策平台，优化运输网络，并将工厂的变动生产成本纳入优化范围，实现了数千万级别的可落地成本下降。天能电池集团股份有限公司（以下简称天能集团）以绿色化为引领，以数字化为手段，持续打造数字化设计、智能化生产、信息化管理、绿色回收等能力，构建“一核两驱六化”全生命周期数字化管理，把“绿色智造”贯穿于全流程、全周期，通过搭建基于产品生命周期管理（PLM）的全生命周期管理平台，在行业内率先探索集“设计—采购—生产—销售—回收”于一体的动力电池全生命周期绿色管理的创新模式。

（四）加强创新管理，打造原创技术策源地

科技自立自强是国家发展的战略支撑和产业安全基础。近年来，我国广大企业深入实施创新驱动发展战略，充分发挥新型举国体制优势，着力突破产业

关键核心技术和工程化、产业化瓶颈，加快建设自主安全产业体系。2023年，与创新管理主题相关的成果有28项，产生了6项一等成果，占全部35项一等成果的17.1%。具体创新做法主要集中在构建创新管理体系，推动原始创新、核心技术攻关等方面。传统的举国体制作为科学统筹和集中力量办大事的创新机制，在我国已经形成了一个有效的政府主导的关键核心供给模式。

1. 构建创新管理体系

实施技术创新，不但需要突破许多关键技术、材料、工艺瓶颈，还涉及全产业链各个专业和领域，以及从技术到管理的系统支撑。因此，为了实现创新目标需创建一套能够实现多组织、多环节、多主体等“多维协同”的管理体系，从而提高研发效率、减少重复、降低风险、加速产业化进程。

沈阳飞机工业（集团）有限公司集聚产业链上下游资源，在项目研制全生命周期中，开展军、政、产、研、用、供多方组织协同，设计与制造环节协同，战斗机与航母、战斗机与飞行员之间的主体协同，使多维协同贯穿项目设计、制造、试验、保障的全链条，建立健全舰载战斗机研制管理体系，一体化推进各阶段任务，促进国内产业链上下游相关方协同创新、合作共赢，破解技术难题。中国中车集团有限公司聚焦高速列车满足市场需求、实现自主可控、引领行业创新三大目标，开展了“一线三层五支撑”（以“探索一代、预研一代、研制一代、装备一代”产品研发为主线，以基础共性技术攻关、谱系化产品研制、产业化应用落地三个层次为主体，以创新投入与评价、人才培养、质量管理、数字赋能和项目分级管理为支撑）的中国高速列车创新工程体系构建。中国移动和中国电信勇担现代产业链“链长”职责使命，积极建设完善世界一流供应链管理体系，充分发挥行业引领作用和创新带动作用，联合产业链上下游组建科技创新共同体，积极营造创新合作产业生态，开展关键核心技术攻关，打造原创技术策源地，推进“研采投”一体化协同，加速突破“卡脖子”难题，构筑产业链自主可控核心能力，着力提升产业链供应链韧性与安全水平。

2. 大力实施原始创新

具有突出的前沿性、探索性和不确定性等特征的新技术，成为决定创新成败的重中之重。一些创新任务和需求，国内现有产业体系无法满足，世界范围内也未有成功先例，迫切需要开展前沿行业领域原始创新，填补领域空白。

航天材料及工艺研究所（以下简称航天材料研究所）紧密围绕工程等核心关键需求，高质量组织开展九大领域的关键核心技术攻关及相关应用基础理论研究，突破以热结构为代表的先进材料及工艺关键技术，形成了一套具有自主知识产权的完整的技术体系，建设形成了国内最大的新一代航天材料研试能力，锻造了一支充满激情、富于创新、勇于担当的科研队伍，有力牵引带动了基础学科和工业的自主创新发展，推动科技成果向现实生产力转化。中国玻璃产业规模长期处于全球领先地位，但“大而不强”的问题一直存在，玻璃新材料中高端显示玻璃、航空玻璃、智能设备用玻璃等部分关键技术等仍被国外垄断，严重依赖进口。中建材玻璃新材料研究院集团有限公司发挥“原创技术策源地”作用，坚持目标导向和问题导向，继续增强自主创新能力，融合科研资源、工程服务管理、产业管理，在推动传统玻璃技术和产业技术升级更新的基础上，推动战略性新兴产业融合集群发展，构建新一代玻璃材料、高端装备、绿色环保的新产业增长引擎，打造世界一流先进新材料产业新高地。

3. 推动技术攻关与自主创新

当前，新一轮科技革命和产业变革加速演进，我国在科技创新的关键环节、关键领域、关键产品上，亟待开展技术攻关的重大任务还有很多。自主创新成为打破外国技术封锁，突破关键技术发展瓶颈，实现跨越式发展的战略需求。

赛轮集团和软控股份积极践行“以科学技术研究为基础，以创建全产业链模式为手段，打造世界最优的橡胶轮胎产业链”的发展战略，加快突破行业关键核心技术，加快完善产业链，推动产业链协同创新，围绕产业链部署创新链、围绕创新链布局产业链，打通从基础研究、应用研究到产业技术装备开发、技术成果产业化的完整创新链，成功攻克新材料、关键装备、高端产品的关键核心技术，构建了自主可控、安全高效的橡胶产业链供应链。南京玻璃纤维研究设计院有限公司（以下简称南京玻纤院）探索以材料基因技术为代表的前沿引领技术研发布局范式、工程化推进模式和产业化转化方式，实现了基于材料基因技术研发高性能玻璃纤维新成分的商业化应用，打破了材料基因技术主要在合金材料、稀土功能材料等领域开展研究的局限性，从而实现高性能玻璃纤维研发周期由 10 ～ 15 年缩短至 3 ～ 5 年，有效满足国内重点行业领域对关键基础材料的迫切需求。

国睿科技股份有限公司确定了以实现自主可控为目标的城轨交通信号系统研发创新联合体运行管理体系，打造了联合攻关和市场协同机制，联合解决了“卡脖子”技术问题，实现了轨道交通自主化引领发展。一方面，全面提升了产品研发和产业化应用效率，产品研发周期从 5 年缩短至 3 年，加快了自主化产品的工程化应用，产品利润从 10% 提升至 30%。另一方面，上交新研院、东风汽车集团有限公司（以下简称东风公司）、中国航发等也聚焦科技自立自强，不断夯实和完善技术创新能力、产品研发能力、研发管理能力，实现技术的自主可控。

（五）优化人力资源，培养干部与人才队伍

人才是兴业之本、创新之源，最大化激发人才创新创造活力、提升人力资源全要素生产率及合理的人才配置，有助于推进企业高质量发展。随着企业规模的成长，在组织管控、资源配置和人才管理等方面需求多变，公司的管理理念、制度、流程、标准、工具等需要进一步规范统一和优化升级。与人力资源主题相关的创新成果有 21 项，产生了 1 项一等成果，占全部 35 项一等成果的 2.9%。具体创新做法主要集中在人才队伍建设与干部培养、员工考核与班组管理、优化与完善人才激励机制等方面。在人才培养方面，如何快速吸引、培养和储备数字化人才队伍以适应技术的快速迭代和商业模式的激变，如何创新人力资源管理模式和方法以提高管理效率和效益，是企业当前迫切需要回答的问题。

1. 人才队伍建设与干部培养

深化人才发展体制机制改革，是企业做强做优做大的重要支撑。企业在人才培养和使用方面担负着双主体的角色。由于不同时期不同环境企业发展的关键限制条件和关键岗位不断变化，精准迅速识别企业发展中的关键岗位、关键人员瓶颈，科学规划作业流程和关键节点就成了数字经济条件下人才培养与管理的关键。

中国铁路工程集团有限公司以青年干部应具备的“七种能力”、国有企业领

导人员“20字”要求为基础，结合中国中铁“开路先锋”精神及青年干部“五力模型”培养措施，研究确定了1种精神、5个维度、涵盖15个能力指标的“1+5胜任力模型”，并基于模型因时因势、统筹谋划、精准赋能优秀年轻干部培养选拔任用工作。国网天津市电力公司（以下简称国网天津电力）贯彻新时代好干部标准和国有企业领导人员“20字”要求，围绕政治、本领、担当、作风、廉洁5个方面的要求，提出以“五全一经常”为核心的干部队伍能力素质提升路径，通过全周期提升政治素养，全覆盖夯实专业本领，全过程促进担当作为，全方位强化作风建设，经常性开展警示教育，全要素加强支撑保障，全面提升干部队伍能力素质。

通过人才战略打造一支高素质员工队伍，是推动企业数字化转型成功的必由之路。自2020年开始，邯黄铁路有限责任公司开始了对铁路企业生产实训一体化体系的探索与实践。通过数智化赋能，分场景逐步推进生产实训一体化平台的搭建，形成数智化人才培、选、用全链条的管理创新机制，贯彻了人才先行战略，从而为数字化和智慧化铁路建设打下坚实基础。中铁建设集团有限公司搭建“管理＋专业”职业化发展双通道，除两级总部经理层成员及部门管理干部等为代表的管理序列外，为所有专业类人员横向搭建14条发展通道、纵向设置6个职级。使项目经理、工程技术、工程设计、成本造价、财务审计、生产安全、职能管理等各条线人员均拥有自己的“跑道”和进阶标准，一改以往“想发展、挤官道”的现象。

如何打造规模宏大、素质优良，适应企业转型发展的工匠人才队伍，一直是企业面临并需要解决好的重大人才课题。潍柴控股集团有限公司坚持能力和业绩两个导向，基于人力资源任职资格管理理论和系统方法论，打通工匠人才职业发展通道，全面改革创新工匠人才规划体系、岗位体系、评聘体系、激励体系和培育体系五大体系，实现五大体系间高度协同、深度穿透，同时畅通高技能人才向工程技术岗位流动的制度性安排，打破高技能人才成长天花板。

2. 员工考核与班组管理

企业要推行差异化薪酬结构、差异化分配机制，实现“以绩付薪、按劳取酬”，必须构建科学合理的内部分配激励机制，不断激发员工价值创造的内生动力，营造出“干多干少不一样，干好干坏不一样，多劳多得”的良好氛围，充分发挥绩效考核“指挥棒”和“风向标”作用。

面对实现企业发展战略、深化人才发展机制、落实分配激励机制等实际需求，中铁建设集团有限公司以全员绩效考核为抓手，建立“纵向到底、横向到边”的四层级 11 类全员绩效考核体系，做到考核全员覆盖；设计以定量为主的指标体系，明确工作质量要求；拉开考核差距，促进优胜劣汰；开发数字化系统，提高考核实施效率；做实绩效反馈，明确改进目标；刚性应用结果，多元联动管理提升；建立契合需求的改进机制，不断进行迭代升级，实现全员绩效考核体系持续良好运行。为有效破解管理部门员工绩效管理难题，中国核工业集团有限公司创新构建了以标准工时为基础的管理部门员工量化考核方法，该方法是在对管理部门全部业务进行体系梳理、工作分解和工时定标的基础上，以标准工时作为价值衡量单位，对员工实际完成任务进行工时核定，并据此开展考核评价、绩效改进和能力提升的绩效管理方法。

秉承“以贡献者为本、以奋斗者为荣”的绩效管理理念，承德钒钛有限公司根据岗位业务特点对基层岗位员工进行分层、分类梳理，将每类员工工作职责、工作内容、工作项目、工作结果等以标准化、规则化、价值化的方式进行量化计算，量化计算结果与员工的绩效工资挂钩，形成多劳多得、优绩优酬的绩效分配机制，充分调动员工积极性、主动性和创造性，有力激发基层活力。

3. 优化与完善人才激励机制

构建企业核心竞争力，需要充分发挥薪酬的激励导向作用，健全收入能增能减机制，完善市场化薪酬体系，提升组织价值创造能力。

攀钢集团有限公司（以下简称攀钢）基于国有企业关键“卡脖子”技术项目组织模式面临的需求与挑战，针对科研项目传统组织模式存在的问题与局限，转变观念、创新做法，分别从精准对接需求、创新平台建设、加强激励保障和人才队伍建设等方面开展组织模式的探索和实践，从体制机制上解决原有模式存在的突出问题，更精准地对接国家重大需求，创新搭建更好的平台，选出领军人才组建更有研发能力的团队，通过实施精准激励，激发创新活力，高效攻克关键“卡脖子”技术，并形成重大技术攻关可推广、可复制的组织经验。西安微电子技术研究所构建面向价值创造的差异化工资激励体系，以提升组织的价值创造能力为目标，部分借鉴了阿米巴经营理念，将事业部、产品线、项目组等底层业务单元视为独立的经营主体，将组织的经营目标分解到事业部、产品线、项目组等底层业务单元。同时，将工资总额预算管控同步细化到底层业务单元，构建责任与利益同向传导机制，建立“工资包”分级预算管控体系，在底层业务单元实现工资包干使用，增人不增总额，减人不减总额；工资与业绩强关联，增效必增总额，减效必降总额。配套构建差异化的考核激励体系，实现薪酬资源向核心优势产业倾斜，向发展潜力大的科技创新产业倾斜，向核心价值创造者倾斜。把市场竞争机制引入组织内部，激发组织活力，实现组织、团队和个人的协调发展。

（六）落实“双碳”目标，推进企业绿色化发展

“生态兴则文明兴，生态衰则文明衰”“绿水青山就是金山银山”“用最严格制度最严密法治保护生态环境”等重大科学论断深入人心。管理创新的关键在降本增效，低碳发展的重点就是节能降耗，如何降低成本、减排降碳、向“绿色工厂”转型已成为实现绿色低碳高质量发展的内在要求。与绿色发展主题相关的创新成果有20项，产生了5项一等成果，占全部35项一等成果的14.3%。具体创新做法主要集中在生产过程与产业链的绿色化、减碳服务与碳资产管理，以及新能源发电基地建设与消纳等方面。节能低碳、绿色发展已成为新时代生态文明建设的主旋律，传统企业必须进一步推进管理创新，积极迈向绿色低碳发展，淘汰掉过去冗杂高耗的生产设备和生产工艺，采用有利于节约消耗、节约成本的新设备、新技术，优化生产和消费环境。

1. 生产过程与产业链的绿色化

近年来，我国越来越多企业瞄准“双碳”目标，将绿色低碳转型上升为企业发展战略，结合行业特点和企业实际，探索行之有效的绿色低碳发展路径。

河钢集团有限公司（以下简称河钢集团）聚焦生产工艺、用能和材料三大重点，加快构建绿色制造体系和“6+2”低碳发展技术路线图，攻破一大批颠覆性、示范性、关键性技术，建成全球首个120万吨氢冶金工程、国内首家全废钢电炉短流程特钢厂等示范工程，建成国内钢铁领域第一家获得权威机构认证的“碳中和”数字化平台，绿色低碳成为企业推动高质量发展的重要引擎。福华通达化学股份公司以绿色可持续发展为导向，以烧碱项目为基础，以草甘膦为核心产品，通过技术创新、生产工艺创新和机制创新，不断延链、补链和强

链，形成从磷矿、盐矿探采到草甘膦、草铵膦及化工中间产物回收、含磷废液资源化利用的垂直一体化循环经济产业链，取得了显著的集群化发展效益和环保效益。山东海化集团有限公司（以下简称山东海化）注重建立以“绿色低碳”为主导的协同发展模式，聚焦绿色低碳高质量发展，重新确立“争创海洋化工龙头企业”总体战略目标，并将目标逐级分解，压力层层传递，加大在体制机制、对标提标、设备生产、操作运行、企业文化等方面的创新力度，做大做强盐化产业，重塑行业龙头地位。此外，包头钢铁（集团）有限责任公司从 2015 年起开展从采矿、选矿到稀土产品生产和稀土钢生产的全流程生命周期的产品碳足迹核算，建立覆盖公司全部钢铁产品和重点稀土产品的环境绩效数据库，为公司钢铁、稀土产品绿色制造全流程节能减排发挥重要作用。

2. 减碳服务与碳资产管理

随着碳市场的不断发展，碳排放难以精准实时计量成为制约各类社会主体开展碳管理的痛难点。

电网上连发电企业，下接电力用户，涉及面广、信息化程度高、数据准确可靠，以电力数据来进行碳计量更全面、准确，即时性强。以电为纽带，建立用电量与碳排放的直接关联关系，能够帮助企业对碳排放实现精准计量和量化管控，解决碳管理核算和计量难题。国网湖北省电力有限公司发挥电网企业在电力系统碳减排的核心枢纽作用，将自身定位为全社会节能降碳的服务者和带动者，扩展碳信用的内涵和外延，围绕全链条碳管理视角，开展面向全社会的电力减碳服务创新，形成了以碳信用为基础，覆盖碳计量、碳定价、碳消费、碳交易的碳管理全链条的电力减碳服务体系。国网福建省电力有限公司厦门供电公司以“双平台互动支撑、金融 + 低碳技术应用”为建设思路，建成国内首个电碳地图和福建省首个城市级虚拟电厂双平台，建立数据支撑和电网引领的降碳互动机制，培育节能低碳生态圈，运用区块链等数字技术，发挥价格信号引导作用，配套政策、商业、技术、组织四项机制，构建形成数字赋能的电碳协同城市降碳管理。

河北建投融碳资产管理有限公司针对目前全球各地碳交易市场互不连通，国内市场运作机制尚未健全，碳排放、碳资产底层信息可靠性、准确性不足，市场各方较难建立互信的问题，通过引入“区块链 + 大数据”、物联网等技术，搭建“区块链 + 双碳”平台，确保了碳资产数据的透明性和真实性，减少了数据造假和篡改的可能性，提供了可信的碳资产证明，经平台核证的企业碳资产已获得了国内国际碳市场的高度认可。

3. 新能源发电基地建设与消纳

新能源发电规模和消纳能力快速提升，一些大型的新能源发电基地陆续投产，对地方电网的消纳能力提出了更高的要求。加快发展新能源，需要在做好风电开发与电力送出，以及市场消纳衔接的前提下，有序地推进风电开发利用和大型风电基地建设。

北方联合电力有限责任公司立足新发展阶段，坚决落实“四个革命、一个合作”能源安全新战略等重大战略部署，投资建设的北方上都百万千瓦级风电基地（以下简称上都能源基地），在加快建设新型能源体系和新型电力系统背景下，为解决新能源大基地高质量建设、高效益运营和“风火储”打捆外送关键核心技术，围绕“安全、高效、绿色、创新”建设运营上都能源基地，探索建立健全基地项目开发建设与运营管理体制机制，形成具有中国特色的新能源大基地项目建设运营管理模式。

内蒙古电力（集团）有限责任公司深入贯彻国家能源安全新战略和“双碳”目标，围绕内蒙古自治区建设全国乃至国际新能源产业新高地目标，建设新能源发展新高地，实施现代电网跃升行动，率先构建新能源供应调度，加快推动新能源并网供应，通过一系列创新举措，形成支撑新能源快速发展的现代电网体系，完成新能源并网679万千瓦，市场机制消纳新能源1275亿千瓦时，推动内蒙古自治区新能源快速发展，确保国家能源安全。国网宁夏电力有限公司立足国家首个新能源综合示范区和“西电东送”战略基地的重要定位，以就近消纳、远距离送出为导向，充分发挥电网大范围资源优化配置平台的基础特性，构建省级电网服务“沙戈荒”风光大基地的新能源供给消纳体系。通过完善内部管理体系、深化政企研协同发展、促进新能源高质量就地消纳、实现新能源大范围优化配置、开拓新能源余缺互济空间和提高能源安全稳定水平六个维度举措，实现大规模开发也要高水平消纳，让新能源“发得出、供得上、用得好”，同时还要保障新能源“送得走”和“用得了”。

（七）深化国企改革，推动业务重组与整合

活力和效率是国有企业改革的中心问题。通过进一步完善中国特色国有企业现代公司治理和市场化改革，推动企业合并重组，提升企业活力和效率。2023年，与深化改革主题相关的创新成果有15项，数量并不是很多，但涌现出5项一等成果，占全部35项一等成果的14.3%，其中有4项成果的主题是国有企业并购重组（同时计入战略管理部分），1项是中国特色的国有企业公司治理。具体创新做法主要集中在中国特色治理体系、企业合并重组，以及少量的价格管理、分类管理、混合所有制等主题。

1. 构建中国特色的治理体系

改革开放后，建立现代企业制度一直是贯穿国有企业改革发展的主线。党的十八大以来，特别是2016年10月全国国有企业党的建设工作会议上，习近平总书记做出了“两个一以贯之”的重要论述，第一次提出了中国特色现代企业制度，为新时代国企改革和公司治理提供了根本遵循。

国家能源集团深入实施党建引领的中国特色现代企业公司治理体系构建，把党的领导全面融入公司治理各环节，依法规范行使股东权利，提升董事会行权履职能力，构建新型经营责任制，增强经营层活力，强化大监督体系，提升公司治理效能，构建适应特大型国有企业集团的“一个基础、五根支柱、分层分类”的中国特色国有企业现代公司治理体系。

中油勘探开发有限公司在对外合作和项目经营管理中始终以国际石油合同和法律协议为基石，坚持突出法人治理为主线，深度融合中方管理，以创新思维构建“两种治理结构、六个法人类型、四种管控模式”公司治理顶层设计，针对不同项目实施差异化管控。陕汽控股紧抓新能源商用车发展趋势，按照国企改革三年行动工作要求，不断创新混合所有制改革与市场化经营机制，全面贯彻落实习近平总书记关于发展“新模式、新业态、新技术、新产品”的重要指示，联合西咸新区泾河新城、新能源商用汽车上下游产业链成立德创未来汽车科技有限公司（以下简称德创未来）。德创未来创新国企改革，以股权融资整合产业链资源，创新法人治理机制，构建开放、创新、灵活、高效的科创人才培育高地，创新驱动产业链协同共赢。

2. 合并重组规模大幅上升

以市场化的方式进行战略性重组和专业化整合，是国有经济布局优化和结构调整的有效途径。近年来，围绕提高国有企业核心竞争力和增强核心功能，许多企业加快了并购、重组整合步伐，探索了中央企业、地方国有企业与民营企业、上市公司与非上市公司等多种类型企业的重组整合方式。

鞍山钢铁和本钢集团有限公司（以下简称本钢）重组整合是一个涉及面广、复杂程度高、操作难度大的系统工程。2021年年初，在国务院国资委和辽宁省委、省政府的支持指导下，鞍山钢铁重组本钢正式启动，开启了大型钢铁企业基于综合性改革央地重组整合工作的序幕。鞍山钢铁牢记“国之大者”，聚焦主责主业，通过深入实施集团层面的股权多元化改革、辽宁省将所持本钢51%股权无偿划转给鞍山钢铁、本钢成功完成债转股、本钢实施混合所有制改革、深化鞍本整合融合和深化本钢市场化改革的“六措并举”综合性改革，成功实施鞍本重组，开创了特大型国有钢铁企业重组整合融合新模式，构建了“南有宝武、北有鞍钢（鞍山钢铁）”的钢铁产业发展新格局，成为国企改革三年行动的标志性案例。

河南能源集团在发生债券违约事件、企业处于生死存亡的危急关头，全面实施“1+5+N”改革脱困方案，以降低违约影响、降低借款本息、降低资源占用“三个降低”促成化险脱困，以对外转让、移交地方、清算退出“三种方式”精准处置资产，以稳住人心民心、稳住就业岗位、稳住生产经营“三个稳住”强化发展保障，全面实施重塑性改革，闯出了一条依靠改革实现脱困、化险、重生的新路，为国企改革化险树立了“河南样本”。

易普力股份有限公司以深化国企改革、优化国有资本布局、强化央地合作与市场化兼并重组为着力点，开展央地重组上市并募集配套资金的实践，通过实施系列创新举措，成功打造了全国工业炸药许可产能规模最大的民爆上市公司，圆满实现了民爆业务的重组上市，确立了重组企业的行业龙头地位，创造了央地整合全国首个“A+H股分拆+重组上市+配套募集资金”案例，为深化国企改革、优化国有资本布局、强化央地合作和市场化兼并重组提供了“能建样板”。

中水集团远洋股份有限公司与中国农业发展集团有限公司以市场化方式主动开展远洋渔业资产重组工作，通过管理创新解决了审批的效率难题、利益平衡的难题、底层资产复杂的收购难题、优化交易结构难题，在短短6个月的时间内，通过专业化重组远洋渔业资产，打造形成了远洋捕捞、食品加工、渔业服务和水产品贸易四大业务板块的远洋渔业航母雏形。

为改变“一省两公司”的特殊电网管理体制，国网陕西电力按照国家电网、陕西省委省政府顶层设计，开展央地电网企业重组整合，实施资产整合集约化、机构整合差异化、人员整合专业化、电网整合一体化、服务整合同质化、信息整合数字化，实现陕西电网统一运营管理，彰显“1+1>2”的整合发展成效，探索走出一条具有能源行业特色的央地国有企业专业化整合管理道路。

三、未来展望

从整体情况看，虽然2023年826家企业申报了241项管理创新成果，申报企业数量虽然增加了，但实施管理创新的特色与成绩并不是特别显著。未来，数字经济、战略管理、国企改革、人才培养等领域应该成为企业实施管理创新的主战场。中国企业必须以永不止步、永不懈怠、永不满足的奋进姿态，保持现有优势、挖掘潜在优势、放大特色优势，形成新的优势。

管理创新需要成为中国商业文明，甚至工业文明的重要组成部分，企业需要在中国式现代化道路的指引下，从丰富中华民族现代文明的高度，思考中国企业在快速成长过程中实施的管理创新行为，充分认识到技术创新和管理创新都是“创新驱动力”的重要组成部分，并且将具有中国特色的管理创新深深植根于中华优秀传统文化，有助于形成具有中国特色、时代特色的文化形态，实现对资本主义文明形态的扬弃和超越。

当前，数智化创新已在企业全方位展开，在推动数字化转型的过程中，企业应该树立数据资产价值理念，加速数据资源到数据资产的形成与转换，发挥数据资源价值，在标准化管理、制造执行、数据资产安全等方面形成了数字化转型落地的场景。

在战略创新方面，要培育生态主导型“链主”企业，鼓励这类企业树立全球视野，根植全球化基因，在底层技术上形成自主的知识产权，谋划和布局一批符合未来产业变革方向的新产品、新模式。在创新上下“怎么也不为过”的功夫，聚焦突破性创新，尤其要以科技创新推动产业创新，特别是以颠覆性技术和前沿技术催生新产业、新模式、新动能，发展新质生产力。

在国企改革方面，《国企改革三年行动方案（2020—2022 年）》作为改革开放以来国企改革领域最系统、最全面、最有针对性的政策体系，保障着国企改革有方向、有目标、有遵循。随着行动方案的完成，国有企业在深化改革方面取得了显著的成效，创新经验的总结、改革样板的推广，会推动更为全面的综合改革，并不断形成更加丰富、具有引领性的管理创新成果。

此外，在坚持“两个毫不动摇”，提振民企发展信心，以及《关于促进民营经济发展壮大的意见》提出的 31 条切实举措促进民营经济做大做优做强等政策的背景下，民营企业的管理创新成果也值得关注。

第三章

世界一流企业建设专题报告

当前我国经济发展进入新常态，增长方式由高速规模化转向高质量发展，社会主要矛盾已经转化为人民日益增长的美好生活需要和不平衡不充分的发展之间的矛盾。为解决这一矛盾，党的二十大报告明确指出，完善中国特色现代企业制度，弘扬企业家精神，加快建设世界一流企业。2022 年 2 月，中央全面深化改革委员会第二十四次会议进一步提出世界一流企业“产品卓越、品牌卓著、创新领先、治理现代”十六字标准，为深化企业改革、加快建设世界一流企业指明了方向。

虽然我国企业改革成绩显著，但是要实现可持续的高质量发展仍然面临诸多瓶颈，譬如技术创新能力不足、品牌影响力薄弱、战略资源短缺等。因此，我国企业必须坚决贯彻世界一流企业建设的十六字方针，实施战略转型与升级，突破发展瓶颈。以提升产品品质为目标，不断创造一流的产品和服务，开拓全球市场，实现更高的价值增值。通过培育强大的品牌引领力，建立并维持竞争优势，不断巩固与强化其全球产业地位，引领全球行业发展。培育持续创新和转型能力，不断促进技术创新、管理创新和模式创新，在快速变化的竞争环境中获取长期竞争优势。贯彻落实中国特色现代企业制度要求，着力打造具有中国特色、彰显中国智慧的现代企业治理新模式，提升企业稳健合规经营、持续健康发展、有效防范化解风险的能力和水平。

近年来在践行世界一流企业建设方面，我国涌现出众多优秀的企业和实践案例。本报告选取第28、29、30届全国企业管理现代化创新成果中与建设世界一流企业密切相关的30多个典型案例进行汇总分析，包括但不限于：华润（集团）有限公司（以下简称华润集团）、中国建材、鞍山钢铁、招商局集团有限公司（以下简称招商局）、中国国新控股有限责任公司（以下简称中国国新）、中国石化、国家电网、中国国家铁路集团有限公司（以下简称国铁集团）、安徽海螺水泥股份有限公司（以下简称海螺水泥）、茅台集团、中电莱斯信息系统有限公司（以下简称电科莱斯）、成都华微电子科技股份有限公司（以下简称成都华微）、中联煤层气国家工程研究中心有限责任公司（以下简称煤层气工程中心）等企业。

第一节

打造卓越产品，彰显中国企业竞争实力

随着市场经济的发展，现代科技日新月异，企业竞争日益激烈，消费者对产品品质、功能和体验的要求不断提高，打造卓越产品成为企业发展的重要战略之一。为了在竞争中脱颖而出，企业需要从产品研发、设计、生产、销售和服务等多个环节入手，加强品质管控和创新驱动，不断提升产品质量和性能，打造卓越产品。

宜昌人福药业有限责任公司（以下简称宜昌人福）、华东医药股份有限公司（以下简称华东医药）、天能集团、海尔智家股份有限公司（以下简称海尔集团）、中复神鹰、无锡江南电缆有限公司（以下简称江南电缆）、湖南华菱钢铁集团有限责任公司（以下简称华菱集团）、麒麟软件在这些方面做出了很好的尝试。这些企业的经验主要包括：对标世界一流企业，积极补短板锻长板；完善新产品研发体系，加速应用领域渗透；全面打造绿色价值链，创新开发可持续产品；加强全生命周期数字化管理，持续打造卓越品质。

一、对标世界一流企业，积极补短板锻长板

对标世界一流是企业加快建设成为世界一流企业的重要举措，是企业提升国际竞争优势的关键环节，代表企业寻求卓越和持续改进，推动企业不断创新和进步。在全球化背景下，对标世界一流企业的优秀做法能明确卓越产品的定位和要求，通过不断学习国际先进的管理经验和生产技术，将其应用到自身生产经营中，有利于提高企业生产效率，打造卓越产品。

中复神鹰为推进工艺自主化和装备国产化，在研发过程中坚持实施对标管理。结合国内碳纤维发展实际，中复神鹰选择世界最先进企业进行对标，在技术、工艺、性能、产量、能耗、物耗、收率等各项经济技术指标上进行系统化、细致化的对比分析，积极寻求差距，确定目标，制定赶超措施，层层落实责任。当其在某个方面暂时居于行业领先水平时，便把当前指标作为确保能力，再确定新的奋斗目标，以持续改进的方式打造神鹰品牌。

华菱集团为建立高产稳产体系，对标国际先进一流钢铁企业。在对标过程中，始终坚持问题导向，加强系统攻关，围绕生产全流程、持续以项目制为抓手深入开展对标挖潜工作，实现系统增效降本。以对标结果实施系统结构、人员组织、运行方式和市场供求等方面的变革，确保生产系统适应用户需求不断变化，推动铁、钢、材的产能利用率达到行业先进水平。

宜昌人福围绕医药行业特定的价值链，在情报获取、基地建设、产品质量管理等多个方面对标国际，努力向创立国际一流制药企业的愿景迈进。在医药情报获取上，宜昌人福依托企业自身的营销与合作资源，广泛参与国际国内高水平学术会议、展会或医疗机构临床研讨会，与麻醉镇痛领域资深专家沟通交流，获取

学术、临床领域的最新情报，作为产品创新的重要参考。在基地建设上，宜昌人福通过对标国际顶尖制药企业投资建设全球总部基地，按照现代化、智能化、国际化的标准设计建设一个集研发、生产、检测、仓储、环保于一体的综合性基地。在产品质量管理上，宜昌人福经过近十年的不断学习和试点经验积累，建成符合国际最新质量管理理念和最高产品质量标准的质量管理体系。总的来看，宜昌人福通过认真研究行业监管趋势和要求，借鉴国内外特药领域的先进管理经验，从信息、基础设施、产品等多个方面，缩小与国际一流制药企业的差距。

华东医药以国际一流质量管理水平为目标，积极开展国际注册，提升质量标准；以国际化质量水平为标准，不断完善质量管理体系升级，建立覆盖产品全生命周期的质量风险管理及保证、控制体系，配置有国际先进的药品质量检测设施，持续提升质量标准；在原料药国际化的基础上，加快制剂国际化，逐步形成国内领先、面向国际的制药工业体系。

二、完善新产品研发体系，加速应用领域渗透

完善新产品研发体系是推动企业高质量发展的关键一环，有助于企业更迅速地将创新成果转化为多样化的产品，并确保它们在不同领域具有更高的应用性和竞争力。为了加速产品在多种应用领域的渗透，企业必须将市场需求置于新产品研发的核心位置。持续的市场导向和客户反馈机制将有助于企业动态调整研发方向，确保新产品能够紧密迎合市场需求，加速产品应用领域的探索渗透，拓展产品的宽度和深度。企业可以从两个方面了解市场需求，完善新产品研发体系：一是结合当前市场需求空缺，着力开展研发攻关布局，拓展市场空间；二是与用户直接接触，通过问卷调查、用户访谈、用户反馈等方式，挖掘用户需求和期望，升级更新产品。

在弥补市场需求空缺方面，宜昌人福和华东医药通过加强自主研发和协作研发，有力突破产品研发难点。宜昌人福聚焦未满足的临床需求，以具备新颖性和价值的高端仿制药、改良型新药及新分子创新药为研发重点，实行八大科室产品战略，形成局麻、全麻、肌松、镇静、营养、拮抗等系列用药格局，进一步巩固企业在麻醉镇痛领域的领导地位并拓展新市场空间，提高企业核心竞争力及品牌影响力。为有效支持研发布局，宜昌人福多措并举提升保障力度：第一，采用质量源于设计（QbD）理念的研发过程设计，将风险评估、过程分析技术（PAT）、试验设计（DOE）、模型与模拟、知识管理、文件、技术转移、质量体系等重要工具综合应用于药品研发过程，实施产品和工艺的生命周期管理；第二，通过对顾客、供方、股东、员工、社会五大利益相关方进行多种形式的调查，汇总、提炼、输出研发过程要求；第三，为提升研发过程有效性，同步搭建了原料药创新小分子药物技术平台、口服缓控释制剂技术平台、特殊药品防滥用技术平台、全新透皮给药技术平台、口腔黏膜给药技术平台、长效微球和脂质体技术平台六个技术平台；第四，秉持开放包容的研发态度，承担立项新产品研发风险和经济损失，容忍新产品研发失败，释放研发热情与创造力。

华东医药在科研创新中以满足临床需求为导向，为丰富产品管线，通过自主立项及外部引进等方式，力争完成每年至少 15 个创新项目（包括药品、医疗器械等），其中不少于 3 个创新药的立项工作，使现有的每个产品线都有创新产品补充和引领，最终形成丰富的产品管线和良好的产品梯队。同时，整合并对接外部优势资源和技术，践行自主研发 + 合作委托开发 + 产品授权引进（License-in）相结合的新药研发模式，跟踪国际上最新的药物作用机制和靶点以及临床应用研究进展，加快创新药布局和国内外创新药项目的引进，推动优质创新项目的引进开发。

在挖掘用户潜在需求方面，中复神鹰和麒麟软件做出了很好的尝试。中复神鹰建立了“以研发为核心、市场应用需求为牵引”的基本思路，围绕高层次应用项目，对顾客和市场进行了细分，采取市场开拓和技术相融合的管理方式，为产品研发升级奠定基础。第一，对顾客依据应用领域进行细分，具体包括：航空航天、储氢能源、光伏能源、风电叶片、体育休闲、汽车和建筑加固等。第二，将各领域未来市场进一步细分为潜在顾客和竞争对手的顾客，通过调查分析潜在顾客的需求，为其提供完善的前期和售后服务，使其成为现实客户，从而拓展新的市场；通过了解竞争对手的顾客需求，保持交流与沟通，分析同竞争对手的各项差异，采取有针对性的竞争措施，使竞争对手的顾客变成自己的顾客。第三，通过各种渠道明确顾客的需求、期望和偏好，适时调整企业的研发方向和策略，攻克关键技术难关，优化升级产品。

麒麟软件形成了“快速响应市场需求”的产品迭代体系，该体系按照“战略制定—战略展开—战略执行与监控—战略评估”的闭环流程，开展包括产品规划、需求分析和产品设计、产品版本管理、版本审批、产品培训、项目支持、产品立项、内部信息系统的保障、厂商协作等工作。一方面，产品管理中心的所有产品经理全部移到市场端一侧，与用户直接接触，了解实际的场景需求，针对不同项目、行业特征规划专属产品版本的产品，并将需求汇总结果提供给产品研发部门和生态部门。另一方面，产品研发根据需求研制对应版本的产品，生态适配部门根据需求制作行业生态图谱，分析特定行业内需要适配的头部主流软件、硬件及对应厂商，新的软件版本研发出来之后，再按照生态适配的图谱进行商务对接和产品适配。

三、全面打造绿色价值链，创新开发可持续产品

近年来，全球社会面临日益加剧的环境问题，可持续发展潮流席卷，消费者的环保意识越来越强，企业必须认识到打造可持续产品是响应社会期望、降低环境风险、提升竞争力的重要举措。因此，企业要将可持续理念贯穿在原材料采购、产品设计、产品生产、产品体验等环节，致力于生产出对环境友好、符合可持续发展原则的产品，为企业在竞争激烈的市场中赢得持久的商业成功奠定坚实的基础。

在原材料采购方面，江南电缆建立健全的制度规范，构建绿色采购管理体系。公司面向主要原辅材料、包材、设备及服务类供应商制定完善的供应商管理体系文件，并进行适当修改，增加节能、环保、安全等绿色相关条款，包括《采购控制程序》《供应商准入、评定、退出制度》《供应商分级管理制度》等，对合格供应商的准入，供应商质量管理、采购过程控制、持续改进、培训、供应商的监督管理、绿色供应商评价、分级管理和退出等做出明确要求，建立了较为健全的供应商认证、选择、审核、绩效管理和退出体系。按照综合评分将供应商划分为战略级、优先级、普通级、消极淘汰、积极淘汰 5 个等级，并按照绿色评价结果分为深绿、青绿、浅绿 3 个等级，在深绿的供应商中优先挑选供应商。公司制定了《绿色采购指南》，明确鼓励采购和不得采购的行为，充分考虑环境保护、资源节约、安全健康、循环低碳和回收促进，优先采购和使用节能、节水、节材等有利于环境保护的原材料、产品和服务的行为。

在产品设计方面，江南电缆严格选用绿色材料，注重环保材料的应用，实现有毒有害物质替代。在原材料的选用上，编制并发布《限量使用有毒有害物质保证能力要求 RoHS 计划》《环境标志认证原材料采购控制程序》等文件，建

立严格的准入控制程序；在设计之初就选用可降解、可回收原辅材料，对废弃品及时回收再利用，降低环境影响，提高材料有效利用率。公司建立并遵循《企业环境保护管理制度》《危险废物管理计划表》等规定，对生产过程中可能涉及的有害物质，如擦拭喷码油墨用清洗剂及废乳化液、废铜泥、废活性炭等危险废弃物，高于标准规范管理，严格取用，杜绝非可控性使用，在主管部门统一管理平台上填报危险废物产生、储存、转移量，严格按法律法规要求处置。

在产品生产方面，海尔集团依托卡奥斯国家级工业互联网平台，加快智能制造转型升级，打造低碳互联工厂，实现大规模制造转向大规模定制。一是打造大规模定制交互平台，实现产品 100% 的用户定制。用户在定制平台上可以实现创意交互、虚拟设计体验、按需定制、全流程可视。二是打造互联工厂，满足全流程用户参与体验。横向上实现从企业到工厂，到车间，到每一台设备、每一个人的实时互联，即机机互联、机物互联、人机互联；纵向上实现从用户需求到产品设计，再到制造、物流、服务，全流程智能互通、透明可视，形成全生命周期管理的新型生产模式。三是加快工厂绿色生产升级，实现节能减排。公司主要从用能结构优化、能源智能管理、能源使用效率提升、全面推行绿色制造工艺等维度加以推进。

华菱集团积极贯彻落实国家“双碳”目标政策要求，持续加大投入，改造生产装备和改善工艺，提高资源和能源利用效率，全面实现超低排放目标，打造“绿色工厂”。2017 年以来，华菱集团累计投入环保项目资金约 30 亿元，用于烧结脱硫脱硝、焦炉提质改造、煤场加盖、粉尘治理、煤气发电、连铸坯热装热送等节能环保改造项目，主要能耗、污染物排放指标明显改善。通过全面整治产线和厂区环境，持续推进超低排放，创建和谐美丽生态环境，体现企业的绿色低碳价值。

在产品体验方面，天能集团积极践行生产责任延伸制，运用二维码查询技术建立了统一可核查、可溯源的绿色回收体系。通过在生产的电池上印上二维码，销售至各电池销售商，电池报废后使用者到电池销售商处更换电池，废旧电池由回收处置、再生制造、循环使用。围绕废铅蓄电池收运主体散、信息对称难、回收效率低等堵点难点，采取“互联网＋回收”方式，建立行业级电池回收综合服务平台，实现从电池出厂、流通、消费、回收到处置的全程规范化和精准化管理，做到去向可追、数量可查、责任可究。针对电池回收流程各环节，建立完整的管理解决方案，委托销售企业和网点回收废旧电池，通过签订合同的方式，将废旧电池储存于专业回收公司或收购站点，统一交付处理，实现资源回收再利用。

四、加强全生命周期数字化管理，持续打造卓越品质

产品全生命周期管理是以产品为核心，涵盖从产品设计、生产、上市到产品退市和淘汰整个生命历程。产品生命周期管理是企业提升竞争力、优化产品品质、有效管理成本的重要手段，有助于企业应对激烈的市场竞争和实现可持续发展。然而，传统质量管理通常存在四个问题。一是产品质量数据缺失，上下游连接不畅，质量信息无法溯源。二是无法实时预警，导致产品质量经验教训难以沉淀。三是产品质量管理过程信息离散，难以聚合，无法形成合力。四是数据在线能力欠缺，无法充分发挥数据的辅助决策作用，赋能研发创新、生产管理、工艺分析。数字技术赋予企业全面和实时的数据分析和管理能力，支持企业制定智能化的质量控制策略，实现质量数据的可追溯性。通过推动产品全生命周期数字化管理，企业能够通过实时监测、智能分析和及时反馈，不断优化质量控制流程，提升产品质量水平，为可持续发展打下坚实的基础。

中复神鹰利用先进的传感技术以及智能控制技术，开创性地设计开展碳纤维工厂的产品全生命周期管理智能化建设，进行实时监测、故障诊断、自主决策，实现生产全流程自动、高效、稳定控制。在制造生产规模化放大的过程中，实行工艺和装备的匹配性管理，采用成套高性能碳纤维生产智能装备，建设依托智能数据链的智能生产平台。在智能化部件设计过程中，根据生产工艺流程细分为聚合装置的智能化、溶剂回收的智能化、纺丝系统的智能化、碳化系统的智能化及生产管理系统的智能化等多个子系统，每个子系统可单独调节，独立运作，通过各系统间的数据传输可由中央控制系统进行联动调节和控制，从而实现成套设备的全过程智能控制。在生产线基础管理过程中，结合分散控制系统（DCS）、制造执行系统（MES）和质量追溯系统等，将长期积累的工艺规律模型和工程化经验植入系统中，实现对生产的智能化指导。

天能集团搭建了全生命周期管理平台，覆盖研发阶段流程计划、开发、验证，发布阶段业务流程及项目管理、需求管理、技术评审、决策评审、文档控制、成品质量控制、项目任务书开发、外协管理、结构开发、产品成本控制、工艺开发等功能。该平台能实现对产品全生命周期管理系统中的每一款电池、电源系统进行分类管理，将这些产品的技术资料保存在管理系统中，形成一个集中的产品设计资料库，有助于产品项目开发的过程控制、数据记录、数据存档等工作，方便项目负责人、部门负责人对项目进展的了解、跟踪与指导。通过全生命周期数字化管理的实施，天能集团的产品质量和性能获得大幅度提升。

华菱集团构建质量数据监控平台，推行“质量零缺陷”全流程的质量管控体系。积极推行内控标准体系的全覆盖，建立以用户为中心的产品技术服务体系等，通过客户管理系统（CRM）、产销系统、MES(PCS) 及智能型自动控制系统实现产品定制生产、质量受控与精准交货；组建 CTS（用户技术服务）和 EVI

（供应商早期介入）团队，提供“24 小时”响应和“私人定制”式服务，质量合格率保持在 98% 以上。

宜昌人福为了提高产品全生命周期的质量管理水平，注重产品研发、产品生产和销售服务过程中先进系统、工具、方法的应用。在产品研发上，通过知识管理系统、企业网盘实现了调研立项板块核心业务的信息化管理，正计划通过研发项目管理系统（PPM）、新媒体技术等进一步提升业务覆盖率，增强功能，优化体验。同时，在新药发现板块，为增强新药发现项目的管理与推进效率，项目管理软件（PMS）、电子实验记录本（ELN）已正式运行，并正开展二者的升级工作，进一步提升功能性和智能化水平。另外，人工智能辅助药物设计等技术正在评估和推进，将成为药物发现新引擎。在产品生产上，目前已完成冻干国际生产线的智能制造建设，将生产设施设备与信息化技术相结合，实施数据采集与监视系统（SCADA）、MES、工业数据平台（PI），对生产设施设备的数据进行实时采集，统一存储到 PI 中，进行数据的分析和处理，部分结果数据传输给 MES 进行数据的自动获取，实现了生产过程的智能连通，消除信息孤岛。在产品销售上，构建了数据决策系统，将行业动态、项目进展、销售数据、业务流程、临床需求、竞争态势等各类咨询信息有机整合，同时基于业务逻辑、市场环境、管理框架进行系统化的价值梳理和整合，形成标准化、流程化的市场方案，极大地提升了市场运营的质量和效率。

华东医药持续完善质量管理体系建设，从药品研发、生产、上市到上市后管理进行全生命周期质量管控。公司创新药品生产质量管理规范（GMP）常态化管理手段，执行飞检制度，优化公用系统管理模式，强化从研发至大生产的质量管理联动机制；针对薄弱管理环节建立常态化管理清单，切实建立质量管理规范、流程和标准，实现了规范化、精细化、个性化的管理；顺利完成各项一致性评价产品和新产品的注册现场核查、GMP 符合性现场及飞检工作。

第二节

塑造卓著品牌，实现品牌价值持续增长①

世界一流企业不仅要有卓越的产品和服务，更要有一流的品牌。卓著品牌是企业的重要战略资源，较高的品牌价值和品牌强度对于企业的发展至关重要。提高品牌知名度，能够帮助企业在客户心目中树立品牌认知，建立信任和忠诚度，促进产品的推广和销售，进而扩大产品的市场份额。提高品牌美誉度，能够提升企业形象，突出产品的差异化，进而增强市场竞争力，创造高附加价值。此外，良好的品牌形象和信誉，有助于提高企业的估值和吸引力，为企业带来更多的商业机会和合作伙伴，帮助企业在海外拓展新市场。

2023 年《财富》世界 500 强排行榜上中国共有 142 家公司上榜；而在世界品牌实验室发布的 2023 年度《世界品牌 500 强》排行榜上，入选的中国品牌只有 48 个。由此可见，收入规模并不代表品牌影响力。2017 年，国务院批准将每年 5 月 10 日设立为“中国品牌日”。国内企业积极响应，通过持续的技术突破、产品创新、服务提升和品牌营销，能够实现品牌价值的持续增长。

中国国新、中国机械工业集团有限公司（以下简称国机集团）、中国国家铁

① 本节案例来源于国务院国资委专题库。

路集团有限公司（以下简称国铁集团）、国家电网、中国中车股份有限公司（以下简称中国中车）、华侨城集团公司（以下简称华侨城）、海螺水泥、茅台集团、华润三九医药股份有限公司（以下简称华润三九）、海尔集团在塑造卓著品牌上做出了很好的尝试，这些企业的主要经验体现在以下四个方面：一是制定品牌战略规划，完善品牌管理体系；二是强化全员品牌意识，提升企业文化软实力；三是构建绿色可持续品牌，彰显企业社会责任；四是推进品牌国际化运营，加快塑造世界一流品牌形象。

一、制定品牌战略规划，完善品牌管理体系

制定品牌战略规划是企业在市场竞争中取得优势的重要手段。企业通过品牌战略规划能明晰自身的定位和目标，避免盲目跟风和盲目扩张，有助于建立一个清晰、积极的企业形象。品牌战略规划还能帮助企业进行良好的品牌管理，持续提升产品附加价值，增强市场竞争力。中国国新以国家战略为导向，多措并举打造“形象新、业务优、机制好、发展快”的国有资本运营“国新品牌”，构建完善符合一流企业要求和运营公司特色的品牌战略。公司将品牌建设有机融入运营管理，构建公司“母品牌 + 子品牌 + 专业业务产品品牌”的品牌架构，即做强“中国国新”母品牌，做优各板块业务子品牌、擦亮各所属企业专业业务产品品牌。国机集团于 2018 年发布品牌战略规划，作为未来品牌建设的纲领性文件。该规划以 2050 年最终形成定位鲜明、价值凸显、强大统一的国机品牌为远期目标，将“国机”打造成为具有国际影响力的知名品牌，进入世界品牌百强行列；以 2030 年基本实现品牌家族“国机化”为中期目标，确立了国机品牌建设在定位、核心价值、架构设计、传播推广等方面的核心战略，并制定了三年内的重点管理目标和工作任务，形成以国机为主品牌的复合品牌模式。随后，公司发布《推进品牌一体化工作指导手册》，有效推进集团品牌融合。

完整的品牌战略规划包括品牌的价值体系、形象体系、管理体系和传播体系等维度。品牌价值体系是品牌的灵魂和核心，是公司价值观的结晶。中国中车将“打造受人尊敬的国际化公司”定为新的愿景目标，“正心正道、善为善成”是企业的核心价值观。在愿景目标、核心价值观的引领下，中国中车凝练出品牌核心价值“客户导向的、负责任的、可靠的、创造的”，这四个词的英文首字母缩写为CRRC，恰好也是中国中车的英文品牌名称，表明中国中车对用户永远的承诺，是品牌建设需要紧紧围绕的核心。国机集团将品牌的新愿景定为“百年国机”，期望打造机械工业行业领导品牌，培育可持续发展能力，创造独一无二的价值；品牌的核心价值表述为“以卓越的品质和永无止境的创新追求，实现客户梦想，推动社会进步”，这是对国机集团多元价值体系中诸多要素的升华、提炼和萃取。

品牌形象体系是品牌的外在体现。国机集团从视觉形象和传播内容两个方面来打造品牌形象，确保一致性管理。视觉形象主要包括集团LOGO、中英文名称“国机”、SINOMACH三个核心识别要素及其组合。为确保视觉形象的统一性和规范性，集团制定了VIS手册，并在使用和传播过程中动态纠错；制定品牌宣传推广物料制作标准、供应商管理制度，探索宣传推广物料的统一招标采购机制。在传播内容方面，国机集团建立了国机品牌在基本介绍、视觉形象等基础信息宣传展示方面的标准化样式和模板，并建立了传播活动备案机制。

品牌管理体系是品牌建设的根本。华侨城通过设立集团品牌决策委员会、执行委员会和品牌办公室三级管控协调机构，自上而下强化集团品牌和所属子品牌协同发展。此外，根据政策方向和企业实际定期修订品牌管控规范，制定出台新时期《华侨城集团有限公司品牌视觉识别系统规范手册》，为集团品牌、产业品牌、产品品牌的建设与发展服务；主动设置沟通议题，利用线上线下相结合，参与多元意见沟通与对话，与利益相关方形成创新且可持续的良性关系；明确沟通群体，设置沟通议程和语境，创造出能够被感受到的价值；打造活动、论坛等多形态 IP，提升品牌辨识度和内涵等。为完善品牌管理体系，中国中车搭建起组织保障机制，明确总部和子公司职责，有效调动各相关部门的力量，部门与部门之间无缝对接、协同推进；搭建工作保障机制，把品牌建设工作纳入单位重点工作计划，同步推进落实；搭建起制度保障机制，制订“品牌管理办法”等系列管理制度和管理流程，保证有制度可循，有规范可行；搭建起评价考核机制，开展品牌贡献率考核，将品牌建设扎扎实实作为企业的管理行为落地生根，利用制度和流程的自我驱动能力，使品牌建设在企业全价值链过程中得以体现。

品牌传播体系是品牌推广的抓手，能够帮助企业树立口碑，提升美誉度。中国中车通过“请进来”与“走出去”相结合、“自己讲”与“别人讲”相结合、“讲故事”与“诉情怀”相结合等方式，加强媒体宣传、品牌公关、展览展会等力度，持续开展“车迷有约走进中车”“海外员工企业文化之旅”“媒体中车行”“高铁梦之旅”等活动，向客户、社会大众，向世界讲述中国中车好故事，传达中国中车好声音；增强人们对中国中车的认同感，分享中国中车品牌的世界表达。中国中车在美国春田市建设基地时，了解到在项目规划区内的一幢“红房子”拥有 100 多年的历史，当地人对它有着特殊感情，决定改变原定拆除计划，还出资加以修缮，当地民众得知后自发地打出了“欢迎中国中车”的标语。

二、强化全员品牌意识，提升企业文化软实力

强化全员品牌意识可以有效统一企业内部思想和行动，提升外部形象和社会声誉，在激烈的市场竞争中获得更大的竞争优势。品牌形象是企业的无形资

产，反映企业的价值观、使命和愿景，代表企业的市场价值和公众认知，能够有效激发员工积极性和忠诚度，促进企业内部沟通和协调。企业可以通过加强员工品牌意识教育，鼓励员工参与到品牌建设的过程中来，设立与品牌形象相符的奖励机制，定期收集员工品牌认知反馈等活动增强全员品牌意识。

譬如，国家电网大力弘扬中华优秀传统文化和电力精神、电网铁军精神，连续 21 年深化“善小”道德实践，在黄河滩区、焦裕禄故居等地建成一批新时代文明实践样板，以文化“软实力”支撑发展“硬道理”。同时，通过组织品牌知识培训，向员工普及品牌理念、品牌策略等方面的知识，帮助员工深入理解品牌建设的意义和重要性。在此过程中，积极鼓励员工参与到各种品牌活动中，如品牌宣传、推广、公益活动等，通过各种渠道和方式加强品牌文化的宣传，如内部刊物、网站、社交媒体等，让员工深入了解公司的品牌理念和文化，从而更好地参与到品牌建设中来。

国铁集团通过加强服务标准、规范服务流程、提高服务质量等措施，设立与品牌形象相符的奖励机制，树立良好的品牌形象，增强客户满意度和忠诚度。国铁集团通过培训、考核、激励机制等措施，激发员工的积极性和创造力，提高员工的工作能力和水平。此外，国铁集团还注重加强品牌宣传和推广，通过广告、宣传、公关等方式，提高品牌知名度和美誉度，吸引更多的客户和合作伙伴。这些机制的设立，有利于提高铁路行业整体的服务水平，树立良好的品牌形象。

中国国新坚持全面加强党的领导党的建设，将强“根”铸“魂”贯穿改革发展始终，教育引导干部员工牢记“为党理财、运营报国、助力实业”的光荣使命，坚定传承央企红色基因，上好“国新品牌”的“红色底漆”。公司滚动实施企业文化建设纲要，持续完善企业文化手册，着力打造以“国之脉、传承责任之脉，新致远、坚持创新发展”为核心价值观、“国新一家人、国新一家亲”为重要理念、“正气、大气、勇气、豪气”为精神特质的国新文化体系，不断增强员工的央企荣誉感和企业归属感，有效激发干部员工干事创业敢担当的动力活力。

茅台集团以“打造世界一流企业、塑造世界一流品牌”作为发展愿景，重点从打造“茅台”品牌文化视角出发，塑造香飘世界的品牌形象。一是构建形成企业理念识别、视觉识别、行为识别三大系统，印发《企业文化手册》《员工行为规范》，将“酿造高品质生活”上升为全集团的企业使命，打造“五匠”质量理念作为企业文化顶层架构。二是以“树立品牌形象、提高消费体验”为重点，打造与茅台品牌和声誉相称的“第一窗口”，包括兴建多家茅台文化体验馆、系列酒文化体验中心等。三是开展系列文化交流、品鉴体验、主题展览、公益活动等丰富多样的活动，讲好茅台故事，传播茅台声音。

三、构建绿色可持续品牌，彰显企业社会责任

构建绿色可持续品牌是企业实现可持续发展的关键举措。企业构建绿色可持续品牌能够实现经济效益、社会效益和环境效益的平衡，一方面有助于提升企业的市场竞争力，另一方面能为企业带来长期的可持续发展价值，满足消费者对绿色产品和环保理念的需求，增加企业的社会责任感和形象。企业可以通过引进绿色技术、加强与外部绿色组织合作等方式，帮助企业在内部实现绿色生产，推动外部绿色品牌搭建。这就要求企业推广技术创新、采用清洁能源，将环保、可持续性、社会责任等元素融入品牌形象和传播中；加强与环保组织、非政府组织和其他绿色企业合作，持续改进和创新品牌战略和实践等。

国家电网积极采用清洁能源，通过节能减排、新能源开发等方式，积极推动绿色发展。在企业内部，国家电网加强对绿色产业的投资，包括建设了全球最大的抽水蓄能电站，为新能源发电提供了重要的调节能力，有效促进了可再生能源的开发和利用。在企业外部，国家电网积极履行企业社会责任，关注环保、能源安全、社会责任等方面的问题，并采取了一系列措施来改善环境、保护生态。例如，公司投资建设了国家电网特高压直流输电工程，将西部地区的清洁能源输送到东部地区，促进了东西部地区的协调发展。

国铁集团注重将环保、可持续性、社会责任等元素融入品牌形象和传播中。在内部，国铁集团重视节能减排工作，在列车运行、车站建设、设备维护等方面积极采用节能技术和环保材料。在外部，国铁集团积极促进可持续发展，通过参与城市交通规划、建设铁路沿线生态环保工程等方式，推动城市可持续发展；积极倡导绿色出行理念，通过优化列车运行图、开行绿色动车组等方式，鼓励旅客选择低碳、环保的出行方式；积极推广电子客票等无纸化服务，减少资源浪费和环境污染。

华润三九积极发挥企业创新主体作用，带动和促进上中下游企业协同发展，大力推广生态种植模式，在安徽、广西、湖北、湖南、广东等欠发达地区建设中药材扶贫基地 14650 亩（1 亩≈666.67 平方米），既做到了保护自然环境，又提升了农民收入，服务地方经济发展，助力国家乡村振兴战略实施。

四、推进品牌国际化运营，加快塑造世界一流品牌形象

品牌国际化运营是企业走向国际市场的必经之路，也是企业提升自身形象和影响力的重要途径。推进品牌国际化运营，要求企业加大国际业务布局、注

重品牌价值再造、加强品牌海外传播、积极推进国际认证。

在国际化产业布局方面，海螺水泥大力实施“走出去”战略，海外投资达155亿元以上，沿“一带一路”建成20个实体工厂，成为国内同行业海外投资规模和产能规模的“双料冠军”，为国产品牌走向世界奠定坚实基础。同时，以高质量产品为先导，树立高端品牌形象，自主开发了专用于核电工程的核电水泥，适用于精密仪器、导航定位系统的无磁水泥等。海螺品牌产品广泛应用于上海东方明珠、大亚湾核电站、美国旧金山奥克兰海湾大桥、迪拜哈利法塔等世界级代表性工程，海螺牌大型水泥环保装备反向出口到发达国家。海螺水泥的品牌价值受到全球认同，CONCH商标水泥、型材产品先后获得国家驰名商标认证，海螺品牌连续5年名列“世界品牌实验室”中国最具价值品牌500强前100位，CONCH商标水泥产品位居世界单一水泥品牌第一。

战略品牌价值再造能够帮助企业从普通的大众超级品牌模式向高溢价品牌模式转变。卡萨帝是海尔集团自主打造的国际高端家电品牌，定位于高收入、高品位、追求高品质生活的精英阶层。为此，海尔集团运用“战略互补平衡”管理方法，对卡萨帝品牌进行持续战略投入，在资金、研发、制造、组织、市场等方面全面支持卡萨帝品牌运营，并由各个品类事业部来消化卡萨帝品牌的运营成本。公司决策层持续6年投入后，卡萨帝高端品牌总体达到经营平衡，随后开始步入盈利增长期。为了匹配卡萨帝的品牌定位，公司打造了一个集卡萨帝标准化的品牌元素体系、社会公关活动、互联网新媒体、社群交互裂变、产品营销体验、全新品牌诉求于一体的品牌价值传播网络，聚焦高端圈层进行文化传播，进而获得品牌溢价认同。

在品牌海外传播方面，国家电网通过多种渠道和方式提高品牌知名度和美誉度，积极参加国际展览、论坛等活动，向国际社会展示公司的实力和成果；加强与国际企业合作，共同开展品牌推广活动，扩大品牌的影响力；积极推进国际化业务，通过在海外市场投资、建设电网项目等，提高公司在国际市场上的影响力和竞争力。国铁集团则采取了多种措施加强国际合作与交流，通过参与国际铁路合作项目、建立国际铁路联盟、开展国际铁路技术交流活动、加强国际铁路人才培养以及推进国际铁路互联互通等方式，不断拓展海外市场，提高品牌在国际市场上的影响力和竞争力。积极参与国际铁路合作项目，如中老铁路、雅万高铁等，与相关国家铁路企业开展合作，共同推动铁路运输技术的发展和创新。积极建立国际铁路联盟，加强与国际铁路组织的沟通与联系，共同推动铁路运输的国际合作与发展。主办或参与国际铁路技术交流活动，如国际铁路运输安全技术交流会议、国际铁路联盟年会等，加强与国际铁路企业的交流与合作。积极推进国际铁路互联互通，加强与周边国家和地区的铁路合作，共同推动跨境铁路运输的发展，提高中国铁路在国际市场上的影响力和竞争力。

获得国际认证可以证明品牌的产品、服务或管理体系符合国际标准和规范，从而增强消费者对品牌的信任和认可，进一步提升品牌的美誉度和忠诚度。作为推动“开放蒙电”战略落地实施的排头兵，国合电力积极打造“蒙电国际”品牌，其中一项重要举措是获得世界海关组织AEO认证。该认证既代表着企业国际资质与信誉，也是公司内部管理水平的体现。为此，一是公司运用甘特图明确申请认证实施方案，针对主题选定、计划拟订、现状把握、目标选定、解析、对策拟订等十个任务分别确定任务开始时间和结束时间、负责人员以及管理工具，初步确定工作方向及工作内容。二是根据海关认证标准，分别梳理标准中有关组织机构控制、进出口业务控制、内部审计控制、信息系统控制、财务状况、贸易安全等方面的要求，安排专项工作小组人员，对应整理公司相关制度、手册、进出口业务单证、安全制度、财务数据、开闭站相关维护维修制度等材料，及时完成对标工作。三是通过实地认证成为AEO海关高级认证企业。根据对标结果，改进智能营销信息系统中财务及关务模块，确保公司信息系统具备覆盖进出口业务全过程、报关流程不可逆、责任到人等要求。公司最终在2018年10月成为全国电力行业唯一一家AEO海关高级认证企业，也是内蒙古自治区仅有的10家海关AEO高级认证企业之一。

第三节

引领创新突破，积极打造新质生产力

在竞争激烈、变革迅速的商业环境中，创新成为建设世界一流企业的核心动力。只有通过加强创新打造新质生产力，构建技术壁垒，才能推动企业获得高质量和可持续性发展。为此，企业需要进行有目的的、有基础的、有组织的创新。有目的的创新意味着企业要根据国家重大战略需要和企业自身发展需要，制定出清晰明确的创新目标和体系。有基础的创新意味着企业可以从已有知识经验总结、学习，做好持续性创新。有组织的创新意味着企业要积极建立协同合作、开发共享的创新格局，充分激发各个主体的创新活力，降低创新过程中的风险。同时，也要建立健全覆盖技术攻关、协同创新、主体培育、成果转化等各个方面的管理体系，为自主创新保驾护航。

在以创新引领新质生产力方面比较典型的企业有煤层气工程中心、鞍山钢铁、四川九州电器集团有限责任公司（以下简称九州公司）、电科莱斯、航天材料研究所。这些企业的经验主要包括：创新研发组织形式，集聚优势科研资源；打造原创技术策源地，助力科技高水平发展；强化市场机制与需求导向，健全技术成果转化体系；完善人才培养与评价，持续激发人才创新活力。

一、创新研发组织形式，集聚优势科研资源

面临日益复杂的国际环境和诸多新问题、新任务，企业要注重集聚优势资源，加强有组织的科研。明确企业、政府、高校院所、科研机构等创新主体在企业技术创新网络中的功能定位，有针对性地采取不同的协同方式，构建协同攻关的组织运行机制，以最大限度地激发各创新主体活力。具体来看，企业可以充分借力新型举国体制优势，构建以国家级创新平台为核心，以区域级创新实验室、行业级创新联合体、企业级研发中心为载体，产学研紧密结合的组织形式，提高企业技术创新能力。

煤层气工程中心为落实中央创新发展战略，保障国家煤矿安全生产，搭建了国家级技术创新平台。中心瞄准高起点、国际领先，配精设备设施，多方筹集资金，备煤层气含量、煤岩特征、钻完井液配方等 18 大类 78 小类 335 项参数试验检测能力，获得中国国家认证认可监督管理委员会颁发的检验检测机构资质认定书。同时，煤层气工程中心不断提高自主研发水平，针对我国煤层气“三低一高”煤储层特点研制多台具有自主知识产权和我国煤层气勘测开发技术特性的专业设备，填补了行业空白。已发布的 3 项国际标准是世界范围内首次正式发布的煤层气领域国际标准，处于主导地位，大大增强了中国在国际煤层气领域的话语权和影响力。

九州公司搭建了多种形式的创新载体，明确全员、全过程创新主体责任。首先在区域层面，设立九州国防先进技术研究院，积极融入京津冀都市经济圈、成渝双城经济圈和粤港澳大湾区等地区经济建设，以绵阳为前沿技术转化中心，在北京、深圳、成都、重庆等国家创新活力区域新建四大分院，因地制宜，充分利用区域技术、人才、资源优势，构筑创新高地。在行业层面，九州公司新

建多个行业联合实验室，围绕公司急需突破或新布局的技术领域，联合开展关键性技术攻关、重大项目突破、专业技术人才培养、重点技术成果转化以及新产业孵化等，打破了以往“用户提需求，企业出题目，科研院所或高校做答题”的单线合作模式，建立了“共同挖掘需求，共同提出课题，共同研究解答”的网状合作模式，实现了产学研真正的联合、融合。在企业层面，九州公司在空管、卫星通信等优势领域组建了一批高能级创新平台，实现专业优势领域的领位、占位和卡位。

电科莱斯依托各类创新平台，努力打造“前沿—共性—应用”创新链。一是依托国家重点实验室提升共性技术创新能力。以 C4ISR 国防科技重点实验室、空管国家重点实验室和联合作战实验室作为创新平台主体，与子公司、事业部、研究部等互通技术需求，结合现役系统应用需求和新一代系统发展需求，联合开展共性技术攻关，充分实现成果共享。二是加强院士工作站前沿技术布局。聚焦网信体系、空中作战、导弹作战、海上作战、智慧空管等核心领域，设立五个行业顶尖院士领衔的院士工作站，每年投入不低于 1000 万元的专项经费、成立创新研究团队，有效提升自主创新、原始创新能力。三是汇聚高等院校、用户单位、优势企业等优势创新资源，共建原创技术创新生态。与国内知名互联网企业共建“智能指控联合实验室”、与紫金山实验室建立“伙伴实验室”合作关系、与南京航空航天大学共建“无人集聚联合实验室”，引进先进技术成果，贴近用户需求助力技术创新，推动产学研用协同创新。

鞍山钢铁构建了以“技术领先、品质精良、担当重器、勇站排头”的愿景，瞄准引领行业、市场的产品和技术，全面打造激发动力、活力、引领力的内部高效技术创新生态。具体包括以技术中心科技研发平台、制造单元应用转化平台、产学研用深度融合平台、服务持续改进平台、知识系统检索传承平台为依托，通过深入抓好经济技术、绿色制造、智能制造等重点项目，显著提升科技创新力、产品竞争力、行业影响力，努力把鞍山钢铁打造成高端人才的集聚高地、行业技术的引领高地、未来科技的探索高地。

二、打造原创技术策源地，助力科技高水平发展

打造原创技术策源地是提升企业自主创新能力的重要途径，是发挥新型举国体制优势、强化战略科技力量的生动实践，也是推动国有企业高质量发展、建设一流企业的关键举措。打造原创技术策源地，首先要求企业强化顶层设计，引领原创技术创新布局“顶天立地”。其次要求企业面向国家重大需求，着力强化原创性、引领性技术攻关，推动解决一批产业技术短板弱项。最后要求企业下大力气，多次尝试试验，找到解决原创技术创新难题的路径，推动原创技术变成产品、走向产业化。

鞍山钢铁聚焦国家重大战略需求和国际科技竞争的前沿领域，通过统筹资源，精心策划，加强顶层设计。以“策源地”建设提升原创技术需求牵引、源头供给、转化应用能力，推出海洋装备用先进钢铁材料原创技术“策源地”建设方案，确定 4 个研究领域，16 个攻关方向，全面规划了原创技术策源地组织管理、机制建设、工作方案、技术布局、研发平台、研发投入、协同创新、成功转化、科学评价、人才与团队激励、项目管理、容错机制、科研诚信等工作，在基础理论、基础工艺、关键核心技术、原创技术成果方面取得较大进展。

电科莱斯以加强国家级重大项目的布局谋划、支撑国防和国民经济信息化建设为目标，不断提升原始创新技术能力。一是加强军事智能前沿技术领域项目布局，从方案论证、技术攻关、原型研制三个方面，成体系地开展重大创新

项目论证和布局，并积极争取落实，以此强化原创技术突破。二是推动智慧城市等产业领域的技术突破，聚焦智能交通、智慧社会等国家关注领域的发展要求，深化“科技+产业”的发展方式，主动承担“面向绿色生态城市一体化综合管理服务系统与应用”等一批国家目标导向的应用示范类重大创新项目，强化原创技术成果凝练，并加强推广应用，为产业高质量发展聚力蓄能。

航天材料研究所为有效化解原始创新的深度不确定性，以“多方案并举、迭代收敛”的思路推进材料技术研发。工程立项以来，围绕适应多种外形方案的总体载荷、温度等热力环境条件，针对主承力热结构材料，同步开展三类复合材料体系的方案设计和技术验证，以及多种工程尺寸复杂形状部件的制造工艺攻关；同时，就共性科学问题开展基础理论研究，从机理机制方面提供可行性的支撑。通过大量材料级的工艺验证与试验考核，掌握了各复合材料体系的基础性能数据，形成了适用于不同使用环境的材料谱系。此外，打破传统的研究一研制一验证串行的研发方式，按照“边探索、边研制、边验证、边反馈”的并行思路，渐进式地推进不同成熟度等级的“代用材料、过程材料、目标材料”在飞行器系统的应用验证，确保如期圆满完成验证以有效获取试验数据，同时实现材料方案的收敛和技术成熟度的高效提升。

三、强化市场机制与需求导向，健全技术成果转化体系

有效的技术成果转化管理体系可以帮助企业实现技术转化和产业升级落地，促使企业更加高效地将创新成果转化为实际的商业价值，提高企业的核心竞争力和经济效益。企业可以从激励机制搭建、知识产权保护、技术精准分类等角度，健全技术成果转化管理体系，提高科技成果转移转化成效。

鞍山钢铁为加速成果转化，提升科技领军人才的价值，出台了《鞍山钢铁集团有限公司科技创新效益评价及奖励管理办法》等制度，把价值创造作为科技领军计划评价的重要维度，加速成果转化进程。在此过程中，鞍山钢铁紧抓三链：一是坚持以提升价值链为重点，着力解决科技领军计划协同创新价值创造效率不高的问题；二是以提升技术链为核心，着力解决科技领军计划关键核心技术研发效率不高的问题；三是以提升效能链为基础，着力解决科技领军计划解决现场问题效率不高的问题。通过围绕重点研发项目凝练科技成果，强化合作，提升科技成果水平，协同知识产权，丰富成果内涵；通过抓好队伍建设，夯实科技成果基础作用，推动了科研成果转化由以技术供给方式向市场运营方式转变，提升了技术成果的市场转化效率，也系统地提升了科技研发的创新性、系统性和价值水平。

电科莱斯为促进原创成果转化，建立了多元化、精准化的激励政策。鼓励自主创新成果支撑重大市场突破，视合同规模最高可给予200万元的现金奖励；设立成果转化项目，建立实验室与产品研制部门的联合团队，通过“先投入、后补助”方式打通成果转化“最后一公里”；组建AI、5G、区块链等创新团队，打造开箱即用的使能技术产品集，降低转化门槛，供各领域系统快速集成应用。

煤层气工程中心为强化成果转化，通过探索建立知识产权创效机制和推进创新成果转化落地示范，打造一流技术服务实力。从知识产权创效机制提高科技成果转化效率出发，中心全面布局覆盖煤层气地质选区评价、地球物理勘探、钻完井、增产改造、排采、集输、经济评价7大主要核心技术领域知识产权创造，建设责任明确、价值评估以及专利运营等统筹管理，着重从业务需求、先进适用性、市场竞争等方面评价专利、技术秘密和计算机软件著作权的质量，杜绝产生无效专利；更加严格地限制专利申请中的实用新型专利比例，提高创造性在知识产权评价中的比重。从通过示范项目实现科技成果向有效技术的转化出发，中心在国内外率先开展以大面积煤层气三维地震评价为基础开发井位部署优化；推广煤层气丛式井台和井眼轨迹设计方法，走向水井开发技术发展方向；首创煤层气“双压箱型六段式”排采技术和配套工艺，建立煤层气排采上产稳产和连续排采的行业标准。

航天材料研究所为集中有限的资源解决关键短板瓶颈，确保关键技术成果及时向工程转化，将成熟度评价作用域拓宽到先策划、全程监测、事后确认，实施技术分类精准管理和全过程伴随式的阶段评价。在策划阶段，面向目标论证和量化关键技术成熟度等级，形成攻关管理和验收评价基线。在检查阶段，结合关键技术特点、攻关研制计划进展，开展技术成熟度评价准则研究及评价，及时辨识、管控风险并将阶段成果转化应用。在评价阶段，对关键技术完成情况和标志性成果对标考核评估，为关键技术应用及攻关优化提供依据。最后，通过规范化和量化的技术辨识，将材料技术领域 9 大关键技术准确分解为 1 项重大技术（A 类）、6 项重点技术（B 类）、2 项一般技术（C 类）。围绕 A 类重大技术发展路线图，系统策划梳理 B 类和 C 类技术发展脉络，科学合理制定规划，牵引攻关工作的整体协调发展。

四、完善人才培养与评价，持续激发人才创新活力

我国在科技创新领域还面临诸多“卡脖子”困境，关键核心技术受制于人，只能依靠自主创新、自力更生，才能实现科技自立自强。完善的人才培养体系与评价机制是激发人才创新活力的关键环节，是提升科技产出和创新效益的重点。因此，企业要努力构建支撑科技创新自立自强的人才链，优化人才引进、培养、使用和评价机制，最大限度地激发人才创新活力，提升企业技术创新能力。

电科莱斯采用“引、育、用、励”相结合的方式，打造完备人才梯队，为电科莱斯的创新发展夯实人才基础。在“引才”上，积极挖掘行业翘楚，设立人才创新发展基金，通过英才延期激励、举办挑战赛等多种方式，靶向引才。在“育才”上，充分发挥领军人才的“传帮带”作用，建立“骨干人才内部交流机制”，聚焦主业领域前沿技术方向，组建智慧空管、新一代指挥信息系统构建等数十个领军人才挂帅的创新队伍。在“用才”上，以核心人才培养和岗位履职能力提升为着眼点，全面构建分层分类、组织培养与自我学习相结合的人才培养机制，在重大项目攻关一线锻炼人才，优先提供培训、进修、学习、技术交流等员工发展通道。在“励才”上，坚持多元化原则，建立短期与中长期相结合，围绕创新平台、成果转化、股权激励等制定激励政策，提高人才激励的精准性和有效性。

煤层气工程中心为锻造核心人才，培养大批行业领军骨干，从创新人才培养模式、打通人才晋升渠道和打造培训体系三个方面着手。在创新人才培养模式上，工程中心在内部积极推进“三个一批”人才培养模式，即内部培养接替一批、外部引进充实一批、项目合作共享一批。在打通人才晋升渠道上，完善经营管理、专业技术、操作技能三支队伍岗位体系，建立横向顺畅转换机制，充分调动员工积极性，激发人才活力，形成浓厚的科研学术氛围。在打造培训体系上，以“过关”培训及全员从业准入为抓手，以学分制管理为手段，以岗位赋能培训为目标，打造“互联网+培训”模式，推动培训向“五种转变”发力，即由统一集中培训为主导向分层分类培训转变，由面授培训为主导向在线网络培训转变，由标准化、制式化培训向个性化、定制化的培训转变，由注重专业理论知识培训向注重实效、现场经验传授的培训转变，由被动接受向自发自主要求培训转变。

鞍山钢铁为提高对计划科技领军人才的评价水平，调动科技人员的创新积极性，制订了《鞍山钢铁集团有限公司2025科技领军计划管理办法》，建好“项目”平台、“放权”平台、“手段”平台。通过下放管理权限，深入开展科技卓越项目、“揭榜挂帅”项目，创新“一厂一所一室”等模式，较好地调动了科技人员创新的积极性。在此基础上，鞍山钢铁以体现领导、战略、顾客与市场、测量分析改进、资源、过程管理、经营结果为基本内涵，形成了包含8个方面，涵盖目标、指标、权利与义务、绩效与评价等14个指标，具有鞍山钢铁特色的科技领军评价体系，覆盖本企业钢铁链条全领域，实现对科技领军项目的精准评价。评价内容具体包括创效情况，获得国家资金支持情况，承担国家、省部、集团重大课题数量，用户需求反应数及解决率，技术贸易收入，获得国家、省部级科技奖励项目数，获得知识产权情况，当年主持或参加制定的国际、国家、行业标准数等。

九州公司分别从公司、部门两个层面分类建立创新综合评价指标体系。在公司层面，从创新成果、创新效益、创新效率三个维度对技术创新进行综合评价；从创新性、实践性、效益性、推广性四个维度对非技术创新进行综合评价，并依据创新等级进行分级评价。在部门层面，按照“一部一策”设计创新评价指标，例如技术研发部门重点评价“新技术研究、成果转化率、技术需求响应度、知识产权”；质量管理部门重点评价“体系设计、流程优化、制度建设”；生产制造部门重点评价“工艺创新、方法改进”；创新管理部门重点评价“创新机制、创新体系、创新平台、创新成果、创新合作”；综合管理部门重点评价“创新投入、创新文化传播”等。最后，将评价结果与经营班子薪酬包和工资总额挂钩，技术创新任务目标纳入年度经营业绩战略任务指标考核，比重不低于20%；非技术创新综合评价结果作为年度组织绩效加分项，按照大创新、大革新、小改进三类，1～7级分别给予1～18分组织绩效加分。

第四节

推进现代治理，持续提升企业治理水平①

在经济发展新常态下，推进国有企业治理体系和治理能力现代化的重要性和紧迫性日益突出。加快提升现代企业治理能力，是建设世界一流企业的重要保障，能帮助企业在长治久安、百年基业等方面产生长期价值。企业要坚定落实治理体系和治理能力现代化要求，推动建立健全权责对等、运转协调、有效制衡的决策执行监督机制，强化对治理制度、组织架构、经营管理、市场化机制、风险防范等核心环节的建设。

中国建材、华润集团、中国国新、招商局、国网天津电力、中国石化、成都华微是其中的典型代表。优秀企业在推动公司治理体系现代化中的经验主要包括：优化组织管控体系，提高治理管控效能；健全市场化经营机制，激活企业内生动力；建立风险防范体系，促进企业强基固本；打造数字化管理方式，助力公司治理提质增效。

① 本节部分案例来源于国务院国资委专题库。

一、优化组织管控体系，提高治理管控效能

组织管控体系既关系着企业的长远发展，也关系着企业员工工作的积极性和稳定性。建设世界一流企业，要求企业通过建立规则化、法治化的组织管控体系，在促进资本所有权与经营权分离的同时，规范企业决策，降低代理成本。企业可以从规范股东行为、董事会建设、经理层授权等方面着手，把制度制定和执行统一起来，保障企业稳健经营、科学发展。

中国建材聚焦定战略、做决策、防风险，充分发挥集团董事会的经营决策中枢作用，提升总部治理效能。一方面，在董事会“会前会中会后”全流程中充分发挥外部董事的作用。会前组织经理层与外部董事召开议案沟通会，或组织外部董事深入子企业开展现场调研，外部董事与经理层未达成一致意见的议案暂缓上会；会中由经理层成员汇报董事会议案，强化经理层向董事会负责的意识，每位外部董事独立、充分表达个人意见，深入研讨、畅所欲言，每个议案都在充分讨论的基础上进行表决；会后加强对议案执行情况的跟踪，及时向外部董事报告决议执行情况，形成决策闭环管理机制。另一方面，为充分保障经理层行权履职，中国建材制定了董事会对经理层的授权管理办法，规范了授权原则和程序，建立了 6 类 39 项授权事项清单，量化、细化事项超过 60%，均由总经理召开办公会研究决定，使经理层行权履职效能显著提升；对董事会授权经理层事项，总经理做好与董事长的事前充分沟通，董事长一般不列席总经理办公会，不干预经理层履职行权。

华润集团以“国企改革三年行动计划”为抓手，完善现代企业治理体系，为增强企业活力、实现可持续发展、创世界一流企业提供坚实的保障。一是将党的领导融入公司治理，对符合条件的企业全部完成“党建进章程”工作，全

部制定权责手册、党委前置研究讨论重大经营管理事项清单，明确党委、董事会、经理层决策权限和决策程序。二是完善董事会建设，明确董事会与经理层职责权限，建立总经理对董事会负责、向董事会报告的工作机制。三是实行经理人成员任期制和契约化，推进经理层成员任期制和契约化工作覆盖各级子企业和经理层成员。四是全面优化国有资本布局，将法人层级最长链条由原来的15级压缩至12级，切实提升管控效能。

招商局高度重视董事会规范化建设，始终坚持子企业董事会应建尽建、配齐建强的管理原则，抓好集团和子企业董事会建设，努力构建上下贯通、左右衔接的公司治理体系。一方面，在集团内部高水平发挥董事会功能作用。董事会要始终在一些事关长远竞争格局的战略性部署上有谋划、有行动、有突破，推动实施重大投资项目、重大兼并收购、重大重组整合等许多具有重大战略意义的工作，成为真正意义上的战略型董事会。同时，在企业决策上，集团坚持董事会关注的必反馈、董事会存疑的必暂缓、董事会指出的重大风险必整改。另一方面，集团加强了各级企业的公司治理体系建设，制定《集团加强子企业董事会建设工作方案》《集团落实子企业董事会职权工作方案》，根据持股比例和管控方式差异性，对二级公司董事会实行分类管理。对于控股上市公司，严格依法行使股东权利，根据集团战略管控要求保持国有股东的控制力和影响力。对于控股非上市公司，根据股权比例派驻董事，充分尊重其他股东权益。对于全资公司，强调对经理层的有效监督制衡。对于处于第一大股东地位但不控股的重要参股企业，通过董事会对企业决策施加影响。

中国华电持续加强董事会建设和规范运行。公司应建范围内323家子企业全部建立董事会，纳入外部董事占多数的301家子企业全部实现外部董事占多数。制定《董事会和董事评价办法》《董事会规范运行指引》，分类分层推进重要子企业落实董事会 6 项重点职权。加强外部董事履职支撑保障，制定《专职董事监事管理办法》《外部董事履职指南》，遴选 166 名在战略管理、财务会计、法律事务、市场营销等领域有资深管理经验的专业人士，纳入直属单位外部董事人才库，探索建立了 886 人的基层企业外部董事人才库，配齐配强子企业专职外部董事，建立外部董事重要决策事项意见征询和“企情问询”机制。同时，中国华电充分发挥经理层经营管理作用。围绕经理层“谋经营、抓落实、强管理”的职责定位，制定集团公司董事会授权管理办法，合理确定授权事项范围、授权决策方案和授权行使规则，明确总经理决策 17 类事项，同步推动系统单位健全完善董事会对经理层授权的管理制度，从体制机制上保障经理层依法依章程行权履职。

二、健全市场化经营机制，激活企业内生动力

市场化经营机制改革是国企改革的重要内容和关键环节，是实现提高国有企业活力和效率的重要途径。通过引入市场化经营机制，企业能更灵活地参与市场竞争，提高效益，实现资源优化配置。企业可以从推进经理层成员任期制和契约化管理、市场化用工、市场化薪酬、中长期激励机制等方面着手，充分激发员工队伍活力。

华润集团积极推动经理层成员任期制和契约化落地，灵活开展多种方式的中长期激励。一是推动经理层成员任期制和契约化管理落地。集团成立专项工作组，统筹推进集团和下属企业实施经理层成员任期制和契约化管理。截至 2021 年 6 月 30 日，开展任期制和契约化的各级企业有 451 家，已签约经理人人数 1740 人，已完成 87.9%。二是积极推动集团下属企业开展多种方式的中长期激励。上市公司方面，华润集团目前有 10 家企业已实施或正在组织，其中

华润万象生活已于2020年上市时实施战略配售，共247人参与了认购，共认购6.34亿元人民币；华润微电子已实施硒盘项目跟投，其限制性股票激励方案已报国务院国资委审核；华润化学材料结合创业板上市同步实施员工战略配售，预计142人参与配售，初步认购金额为1.55亿元人民币。非上市公司方面，探索在华润万家等推行超额利润分享机制。

中国国新结合运营公司业务板块充分竞争领域的特点，坚持把完善市场化机制作为激发动力活力关键一招。在优化市场化选人用人体系方面，中国国新实现各层级经理层成员任期制和契约化管理100%覆盖，并在实施范围、退出标准、薪酬兑现上“自我加压”。大力推进末等调整和不胜任退出，全系统市场化退出比例达到央企较高水平。着力打造国有资本运营“铁军”，实施“潮头计划＋头雁行动”“干流计划＋活水行动”“源头计划＋墩苗行动”，先后公开招聘上千名优秀骨干人才加入中国国新舞台。在完善市场化激励约束体系方面，中国国新优化“与自己比看业绩改善、与板块比看贡献大小、与行业比看领先水平”的“三比三看”绩效评估机制，实行考核结果强制分布、拉开薪酬差距，C、D级企业原则上不低于20%，绩效薪酬至少扣减15%～30%。同时创新实施以股权、跟投、超额收益递延、退出收益、运营为核心的“五捆绑”机制，基金实际退出业绩达到门槛收益率，管理团队才能兑现相应收益，真正实现国家、企业和个人利益共享和风险共担。

中国华电在市场化选人用人机制上，全面推行经理层成员任期制和契约化管理，印发《中国华电推行经理层成员任期制和契约化管理指导意见》《职业经理人指导意见》，公司各层级子企业100%实现应推尽推、应签尽签，在5家企业推行职业经理人制度。实施“高端人才引进工程”“青年骏才”计划，新进员工基本实现100%公开招聘。建立以合同管理为核心、以岗位管理为基础的市场化用工机制，大力推行管理人员竞争上岗、末等调整和不胜任退出机制，集团层面统筹确定7类11项员工退出标准，畅通业绩不达标人员的转岗渠道和退出通道。在完善市场化薪酬上，对发电、煤炭、科工、金融等不同产业版块，差异化建立工资总额动态分配调整机制。完善以岗位价值为基础、业绩贡献为依据的内部薪酬分配机制，大力推行宽带薪酬制度。健全中长期激励机制，在43家企业开展股权激励、分红激励、员工持股、超额利润分享和跟投等激励，“3+2”中长期激励政策全面落地。

中国建材在全级次企业坚持实施市场化选人用人，通过持续开展管理人员竞争上岗、员工末等调整和不胜任退出机制，引入竞争活力，畅通人才流动通道。对成员企业领导班子成员健全绩效考核体系，将绩效考核结果与绩效年薪直接挂钩，将综合考核作为领导班子调整和领导人员选拔任用、教育培养、管理监督和激励保障的重要依据。在全级次企业强化绩效体系目标设定、过程管理和结果运用，实现全层级企业、全部员工100%承担业绩考核，以业绩论薪酬。同时，推出5类9种中长期激励“工具箱”，细化制定混合所有制企业员工持股、科技型企业股权激励和分红激励、超额利润分享、创新跟投、境外跟投等多种激励工具实施指引，建立起系统多元的激励体系，使骨干员工与企业中长期发展实现“利益绑定”。2021年新增17家企业应用中长期激励工具，涉及骨干员工超过2300人。

招商局按市场化要求优化内部机制，加快培育灵活高效的微观主体。近几年先后在15家二级公司实施市场化全球公开招聘总经理，进一步完善高级管理人员正常退出、提前退出、强制退出等管理机制，研究制定能上能下的实施细则。通过“市场对标锚定目标年薪、跑赢同行调整绩效奖金、考核结果确定实发奖金”的机制，合理拉开了二级公司集团高管的收入差距，实现能增能减。

收入分配突出向一线、苦脏累险岗位和创造价值者分配倾斜，靶向解决“高水平大锅饭”问题。出台中长期激励工作指引等6个制度，全面推广股权类、现金类和员工持股等各种类型的中长期激励工具，充分激发员工工作积极性。

国网天津电力健全规范管理长效机制，聚焦关键，破除机制梗阻。一方面，通过深入推进岗位聘任管理，制定《经理层成员任期制和契约化管理工作方案》，完成全部经理层成员岗位聘任协议签订。另一方面，大力推行岗位公开招聘，基层单位调整到公司本部，空缺管理、技术和重要技能岗位人员补充优先以公开竞聘方式选拔人员，牢固树立竞争择优用人导向。

三、建立风险防范体系，促进企业强基固本

随着市场环境的不断演变，企业面临的风险也日益复杂和多层次化，建立风险防范体系成为企业适应新常态的需求。企业要提高风险防范意识，建立健全风险防控协同机制，制定完善的风险防控方案，保障重点领域和关键环节的监管力度。企业尤其要着重防范制度风险、经营授权风险、业务风险，确保企业能稳健运营和可持续发展。

在制度风险防范上，国网天津电力聚焦风险防控，抓实制度合规评估和执行评估。具体做法：按照专业检查、审计、巡察、考察问责、制度执行矛盾等9个维度，对全部现行有效制度的执行情况进行评估，提升制度执行效力。明确规定规章制度必须具备执行检查周期、节点、方法、途径、评价标准及责任追究等内容的监督检查条款，制度发布后必须纳入“五位一体”平台进行流程匹配，并作为公司开展审计、巡察以及各类专项检查、考核的制度依据，确保违反制度行为得到及时发现、准确处理和有效追责。

在经营授权风险防范上，中国建材和中国国新按照分类分级的方式，有效控制企业风险。中国建材健全规范有序的授权和监督体系，在统筹考虑二级企业的发展阶段、治理水平、资产负债等多种因素后，采取“一企一策”进行投资授权。根据投资项目的不同类型，差别设定授权额度，使子企业董事会获得充分且适度的投资授权，既促进了优秀企业聚焦主业更快发展，又管控了一般企业的投资风险。同时，中国建材对各类授权事项坚持“可授可收”，形成闭环管理，实现“放活”与“管好”的协调统一。例如，对差异化管控企业，从人事授权、投资授权、穿透管控等方面开展了阶段性评估，依据评估结果相应采取扩大、调整或收回等措施，动态调整差异化管控事项。同时强化穿透管控，在党建、纪检、审计、巡视、安全环保等方面保持穿透管理。

中国国新围绕上接国资监管机构、下接资本运作和企业经营的实际，结合投资驱动的公司特点，全面优化授权管控体系。按照“三授三不授”思路稳步开展授权放权，“三授”即对运营成熟、治理健全、管理规范的重要板块公司，对行权能力建设到位的所出资企业，对确需抢抓市场机遇且行权条件完备清晰的事项，探索开展更大力度的授权；“三不授”即对“三重一大”事项、特殊监管要求事项、投资负面清单事项，坚决不予授权。依托“三单一表”实现科学合理的授权管控，在战略、投资、财务、人力、产权管理等关键领域管好 11 大类 55 项批准（决定）类、备案类、审核类等权责事项，将 64 项审批备案事项授权放权至所属企业。同时，建立跟踪监督机制，按照授权与监管相结合的原则，构建以党内监督为主导，涵盖业务、审计、法律、财务监督力量的“五位一体”大监督体系，定期优化授权范围，修订完善“三单一表”，持续做好滚动优化。

在业务风险防范上，招商局在资产规模不断扩大，经营指标大幅攀升，企业效益逐年增加的同时，始终坚持抓好风险管理顶层设计，形成由董事会负最终责任，经理层执行落实，以审计、风险与监督委员会为依托，覆盖各业务条线的风险管理组织体系。对于高风险业务、新型业务、重大投资并购等事项，董事会严格把关，适时组织“回头看”，检验决策效能“再评估”，系统全面防风险。

四、打造数字化管理方式，助力公司治理提质增效

强化数字赋能，打造数字化管理方式，将数字技术广泛应用于公司治理中，是推进治理体系和治理能力现代化的有效举措。企业可以利用数字技术实现监督管理高效化、决策流程准确化、业务管控精细化三大目标，切实有效提升公司现代化治理水平。

在监督管理高效化上，企业可以从加强机制建设和数字化监管平台搭建两方面着手。中国石化和招商局通过建立高效的协同领导机制，为数字化监管平台提供有力保障。中国石化构建了由集团公司董事长担任组长，集团公司副总裁担任副组长，由集团总部部门、事业部、专业公司等为成员的网络安全和信息化委员会（以下简称网信委）。在网信委的领导下，创新建立了“域长”负责制新体制，建立以中国石化党组领导担任主任、各业务域域长为成员的数据治理委员会，制定数据治理责任人制度，组建了专家团队，各方协同联动、共同发力，营造企业全员数字化文化，推动中国石化数据治理工作全面开展。

招商局聚焦管理数字化智能化创新，构建了数字化治理体系，提升总部管理和服务能力。成立总经理为组长的数字化领导小组，集团和重点二级公司设立首席数据官（CDO），领导小组定期召开专题会议，成为全集团数字化推动的有力保证。同时，充分利用金融板块数字化技术和能力优势，建立集团级科技

公司，从无到有打造招商云基础设施研发团队，全面提升自主研发能力，支撑集团及板块数字化建设项目落地。

中国华电从平台搭建上强化了数字技术对现代化治理体系的赋能。一是建设覆盖全系统的制度信息化管理网，实现制度管理上下贯通、协同管控。二是建设监督追责信息系统，优化监管流程，提升监管效能。三是建设内控合规风险一体化信息系统，与主要业务系统嵌入融合，推动实现智能监控。

在决策流程准确化上，中国华电和成都华微通过将数字技术融入企业决策的重要环节，不仅提升了数据的全面性、准确性和关联性，还为企业决策提供了可靠依据。中国华电建设了“三会”议案审核信息系统，通过信息化手段实现“三会”全流程管理，强化制度刚性约束，提高议案审核质量和效率，促进公司治理规范化、标准化、信息化。同时，开发建设了“三重一大”运行管理系统，实现决策事项全流程线上闭环管理，运行效率提高 60%。

成都华微基于全局数据，建立相应的数据分析模型，通过数据驱动，准确掌握企业资金、人才、资产的数量、分布、变化趋势，更直观地了解企业在经营活动中存在的问题，为科学开展企业决策提供有力支撑。基于全过程数据，以企业战略和项目全周期预算为指引，建立年度更新、预算半年调整、预测季度滚动的资金预算模型，提升规划、预算、预测的时效性和准确性。基于全过程数据，健全企业人才画像。譬如，招聘过程中，整合来自各渠道的招聘数据，建立标签体系，深度洞察人岗匹配度，基于能力模型精准发现和识别人才；在薪酬评定中，关联考勤数据与绩效结果，精细化核算员工薪酬，自动生成薪酬报表；在绩效辅导中，基于员工基本信息、认知轨迹、项目经验、业绩表现等构建全生命周期的人才画像，可视化输出团队人才地图，科学制定个性化的人才发展计划。强化资产数据分析，建立资产卡片、资产管理统计分析模型，追踪资产全过程的实物状态、价值变化等全维度信息，实现资产管理实物流、信息流和价值流“三流合一”。

在业务管控精细化上，中国华电和中国建材通过业务流程细分为多个环节，围绕重点环节搭建数字系统，有利于提高生产效率、降低成本。中国华电建设全集团统一的ERP系统，打通各业务间数据、服务、流程壁垒，实现业财一体化。建设电煤集约采购“三平台一系统”，采购成本大幅降低。推动巡检机器人、财务机器人等AI应用。在电力行业物资采购领域首家应用自主可控区块链，建设阳光采购平台。

中国建材为响应数字化转型的号召，不断加大数字化建设投入，目前对内形成涵盖BIM（建筑信息模型）数字化设计、数字化项目全过程管理和数字化运营管理的数字化管理体系；对外形成以水泥工业互联网平台、智能专家优化系统、BIM数字孪生交付与运维系统等为核心产品的水泥智能工厂建设服务体系，最终可实现大规模柔性化生产、供应链协同生产、产品全生命周期管理的目标。

第五节

建设世界一流企业的建议

全面建设世界一流企业，需要从打造卓越产品、塑造卓著品牌、强化创新领先和推动公司治理体系现代化四个方面实施战略转型与升级。政府要积极发挥作用，通过强化政策和环境上的引导支持，赋能企业战略转型与升级。

一、重视提升产品品质，全力塑造卓越产品生命力

提升产品品质已经成为所有市场主体的发展共识，直接关系到世界一流企业的生命力。企业要坚持品质强企的理念，通过加强产品质量管理体系建设，将卓越品质理念贯穿产品全生命周期历程，铸就行业质量标杆。同时，企业要建立健全新产品研发体系，加大研发投入，通过不断升级迭代产品，优化产品品质，打造良好产品口碑。

政府可以建立质量管理专业机构和专家库，充分发挥技术标准、计量、检验检测、认证认可在产业结构优化升级中的支撑作用，引导企业提高产品质量。政府通过建立产业标杆和认证体系，挖掘培育产业“隐形冠军”，以标杆企业鼓励企业追求高品质，赋能行业质量可持续发展。政府可以加大对外开放，支持

中外企业加强交流合作，鼓励中国企业深度参与全球产业分工和合作，学习借鉴优秀经验和技术，提升产品品质优势。

二、讲好中国品牌故事，持续提升中国品牌影响力

塑造世界一流品牌，需要循序渐进，久久为功。首先，企业应该加强顶层设计，制定长期的品牌战略规划，进行全面、系统、科学的品牌建设，包括品牌的价值体系、形象体系、管理体系和传播体系。一旦品牌战略规划进入执行期，需要坚持长期导向，保持战略定力，经得起企业负责人的更替，经得起盈利水平的波动，经得起业务板块的重组整合。

其次，企业需要加强品牌文化建设，包括企业文化、品牌故事、品牌精神等。品牌文化要与企业的价值观相一致，同时要能够引起客户的共鸣和认同。企业内部应该营造“人人塑造品牌、人人维护品牌、人人传播品牌”的浓厚文化氛围。

再次，不断尝试品牌价值再造，提升品牌知名度、美誉度和品牌溢价。当前我国大多数企业在国际产业链和价值链体系中处于中低端地位，产品的目标客户定位聚集在中低端市场，品牌的美誉度和影响力较低。各行业头部企业应当勇于提升品牌价值，在集团品牌架构下尝试并购、新设中高端品牌，从目标人群定位、技术创新、产品设计、品质提升、品牌传播等各个维度协同打造，积累优质的品牌资产。

最后，加强中国品牌在国际范围的传播，不断提升品牌竞争力。现阶段中国产品行销全世界，伴随着产品出海、绿地建厂、并购整合东道国企业，中国

品牌走向世界已是必然。中国企业应该遵循国际竞争规律，掌握世界一流品牌的建设规律，用国际语言讲好中国故事，力争品牌足够大，足够强，足够优，足够久。积极创新品牌的国际传播模式，充分利用国际第三方传播服务公司，发挥国际数字平台的传播能量，借助数字营销的成本优势，快速有效地打造、提升、推广中国卓越品牌。

三、打造创新生态体系，全面激发多元创新主体活力

技术创新生态系统通过协同创新发挥各创新主体要素的功能和作用，有利于应对复杂形势下的各种风险挑战，全面提升技术创新供给能力和要素资源配置效率。企业要坚持自主创新把握发展主动权，结合自身发展需要，广泛与行业头部企业、科研院所、高等院校等多方合作，通过协同创新、资源共享等方式，打造原创技术策源地。同时，要加强技术创新人才体制机制建设，既要完善人才培养模式和加强投入，又要提高人才激励强度和优化评价机制，有效破解人才瓶颈。

对政府而言，积极打造支持各类企业技术创新能力提升的政策链和服务链，以此完善技术创新生态系统治理体系。一方面，政府可以从政策层面对技术创新生态系统进行全方位的设置，建立完善以技术创新制度、政产学研结合、技术创新金融等为重要构成的政策支撑体系，包括研发费用补贴、税收减免、人才引进等优惠政策，从而更好更有效地激发企业创新活力动力。另一方面，政府可以建设科创园区、创新孵化基地等，提供场地、设备、资源和服务支持，为企业技术创新提供良好的环境和平台。

四、结合中国特色元素，系统建设企业数字治理能力

新一轮科技革命方兴未艾，数字技术成为推动公司治理体系和治理能力现代化的强劲动力。传统人工战术式的治理模式存在治理成本高、效率低等问题，企业需要形成一个即时感知、科学决策、主动服务、高效运行、智能监管的新型治理形态。为此，企业要充分利用大数据、人工智能、区块链等技术与公司治理模式相结合，深入发掘大数据潜力，开展全流程实时动态监控预警与智能判断分析，提升源头治理、动态监控、应急处置能力，推动公司由粗放式管理向智能化治理不断转变。同时，企业要积极培养一批能掌握数据技术以及法学、管理学等多学科知识，并具备系统性、智能化的数据治理思维的复合型人才，为数字治理有效性提供保障。

对政府而言，作为数字治理的统筹者，首先政府必须肩负起数据安全治理的主体责任，把安全贯穿数据治理全过程，守住安全底线，充分发挥政府有序引导和规范发展的统筹作用，保障国家数据安全。其次，要进一步加强政企合作，通过建立“大数据交互平台”，开展政府与企业数据的交互校验，持续推动公共数据汇聚开放，有利于充分释放企业治理潜能。最后，要建立一个有效的沟通机制，与企业、政府部门保持密切的联系和交流，及时了解数字治理的需求变化和满意度，根据需求调整和完善数据治理的策略和措施。

第四章

企业数字化管理专题报告

随着我国数字经济的快速发展，传统企业数字化转型步伐进一步加快，力度进一步加强。2023 年 2 月，中共中央、国务院发布了《数字中国建设整体布局规划》，提出到 2025 年，基本形成横向打通、纵向贯通、协调有力的一体化推进格局，数字中国建设取得重要进展；2035 年，数字化发展水平进入世界前列，数字中国建设取得重大成就。2023 年 5 月二十届中央财经委员会第一次会议提出，要把握人工智能等新科技革命浪潮，适应人与自然和谐共生的要求，保持并增强产业体系完备和配套能力强的优势，高效集聚全球创新要素，推进产业智能化、绿色化、融合化，建设具有完整性、先进性、安全性的现代化产业体系。国家战略启示我们，传统企业数字化转型需要将供应链协同、工业（产业）互联网作为战略框架，将智能化、绿色化作为能力建设的核心，并在产业生态建设中发挥关键核心作用。

在数字中国战略的指引下，我国大型企业数字化转型实践加速，取得了重要进展。对于传统企业来说，数字化转型对产业数字化的发展具有战略意义，同时面临挑战与困难。一方面，数字化转型面临着信息化、自动化、平台化、智能化等多重任务。另一方面，数字化转型重点要在两个阶段展开：一是数字化转型与内部管理变革，即如何通过数字化技术应用实现对现有业务体系的支撑、优化与升级，在降本增效提质过程中，增强供应链的协同性；二是数字化转型与外部创新发展，即如何通过数字化技术与业务的深度融合，解决“卡脖子”问题、数据资产价值创造、工业互联网与商业模式创新、绿色可持续发展。前者是在现有业务系统框架下的改善与优化，后者是突破现有业务框架创造新的能力和范式，两者密切相关，相互支持。

传统企业数字化转型是一项复杂系统工程，其范围包括企业全要素、全流程和全价值链的数字化，转型要素涉及人、组织结构、业务体系、资源类型、管理决策、运营体系、工具方法、协作模式和商业体系等，具有技术不确定性高、实践风险大、变革时间长、投资数量多、数智化管理专业性强、组织边界需要突破等特点，如何管理好这项重大工程的落地实施，确保组织有效转型，不仅关系到企业的生存能力，更直接影响企业未来的发展与综合竞争优势。

本报告研究的核心除了关注数字化技术应用领域外，更关注案例企业如何成功实施了数字化转型，在战略制定到战略落地的过程中，采取了哪些方法和组织管理及组织保障措施。本报告以第 29 届（包含 27、28 届部分案例）全国企业管理现代化创新成果中的案例为研究对象，以《变数：中国数字企业模型及实践》[①] 中的数字企业模型为基本分析框架，重点关注制造企业的转型实践，将传统企业数字化转型中的战略、组织、业务、数据、供应链等作为重点研究要素，从七个维度研究案例企业数字化转型的关键成功经验，核心主题包括：数字化战略制定与执行，数字化转型的组织保障机制，数据底座的建设方法，业务与技术深度融合关键实践，数据赋能管理决策和运营，工业、产业互联网的发展，关键绩效指标改善。在此基础上，报告提炼出了基于大企业数字化转型实践的模型（见图 4-1），并对企业数字化转型发展提供对策建议。

① 董小英、戴亦舒、晏梦灵、陈其伟：《变数：中国数字企业模型及实践》，北京大学出版社 2019 年版。

第一节

基于企业数字化转型案例的总模型

根据对中国企业联合会全国企业管理现代化创新成果（26、27、28届）中与数字化关联的161个案例进行研究，特别是对几十家企业数字化转型管理案例的扎根研究和重点分析，[①] 我们基于多年的理论研究与案例研究基础[②]，总结提炼了基于大企业数字化转型实践的数字企业模型（见图4-1）。该模型由五层能力构成，包括战略层、组织层、业务层、数据层和结果层，每一层都有具体的数字化转型管理与实践，战略层集中体现了企业最高领导层对数字化转型目标和价值的总体判断及战略规划与顶层设计的主要方法，包含的关键因素有战略意图、战略规划、战略分析和战略执行。战略意图指明了数字化转型所要达到的核心目标和解决企业生存与发展的关键问题；战略规划是制定数字化转型整体蓝图并探索推进路线的过程，不同企业根据自身的资源能力禀赋差异选择不同的推进路线，如由点及线及面及体的渐进推进路线，沿着横向纵向价值链拓

① 笔者特别关注中国企业联合会全国企业管理现代化创新成果中数字化转型的最佳管理实践，如徐工集团、中电科、中广核、南方电网、西安航空制动、中铁建、中车四方、中国航天科技集团、国家电网、中国航发商发、深控股、江苏鹰游纺机、上海宇航系统工程研究所、长安汽车、山东海化、京东方、中国移动、江苏中天、陕煤集团、中国远洋海运集团、厦门象屿、国家电网浙江、山东魏桥集团、中国电信、中国联通、中车唐山机车、中国电子科技集团公司第十四研究所、浙江大胜达包装股份有限公司、重庆农村商业银行、江南造船（集团）、南京钢铁等。

② 武常岐、董小英、海广跃、凌军：《创变：数字化转型战略与机制创新》，北京大学出版社2021年版。

展和深化推进的路线，根据战略目标阶段性推进模式等。战略分析是将数字化转型与企业体系和流程深度融合的重要举措，案例分析发现，为了使数字化转型过程紧密服务于企业战略与核心业务，需要采用多种管理方法工具进行梳理，如系统工程、需求管理、流程梳理、质量管理、标准化等多种方法。战略执行是将企业战略意图推进并落地的组织保障和行动策略。

战略层	数字化战略 战略意图　战略规划　战略分析　战略执行
组织层	数字化人才 领导力　组织保障　人才激励　绩效考核
业务层	数字化融合 数字化研发与仿真　智能制造与智能装备　智能服务与智能运维　供应链协同　产业链延伸
数据层	数据治理与利用 数据标准　数据分析　数据赋能　数据增值
结果层	数字化绩效

图 4-1　企业数字化转型战略

组织层与数字化转型中的领导力和人才队伍密切相关，之前的大量调研发现[①]，绝大多数企业在数字化转型中都面临着人才窘境，这里既包括原有人才对数字化转型的认知、能力和结构短板，也包括缺乏与数字化转型有关的人才队伍。在组织层，我们发现的关键因素有领导力、组织保障、人才激励和绩效考核。案例分析发现，成功的数字化转型需要强有力的组织保障，其特征包括领导力中的一把手工程和各高层的深度参与；各级组织形成自上而下的执行体系；

① 李兰、董小英、彭泗清、戴亦舒、叶丽莎、王云峰：《企业家在数字化转型中的战略选择与实践推进——2022·中国企业家成长与发展专题调查报告》，《南开管理评论》2022 年第 5 期。

对业务与技术部门的沟通协作有具体的方法和途径，把数字化转型目标分解到各个项目，有项目专班负责执行落地；对项目中的突发问题和困难有快速解决机制，以及对项目执行情况有年、季、月的定期评审考核机制。同时，企业还制定了一系列强有力的数字化人才激励和成长机制，快速培训专业人才队伍。

业务层是业务体系数字化的关键任务和主体环节，是数字技术与业务能力紧密融合的过程与实践，涉及与业务流程密切相关的价值链各个环节和各个要素，包括数字化研发与仿真、智能制造与智能装备、智能服务与智能运维、供应链协同和产业链延伸。参照价值链的关键环节，案例分析以制造企业为重点，发现很多企业的数字化转型实践呈现出以点带线、以线拓面、以面扩体的规律。从局部环节开始、逐渐将数字化能力在业务链、供应链、价值链，甚至产业链环节深化拓展。其中，数字仿真是业务价值链的关键，不少企业已经有深度实践，通过数字化手段将研发到服务运维形成闭环，构建从结果到源头、从发现产品使用中的问题反向优化研发仿真的最短路径，迭代提升产品质量和创新能力。同时，产品和生产的数字化催生了新的智能运维和智能服务，给传统制造企业带来了新的业务增长点，并对产品全生命周期和供应链进行有效的追溯、质量管理和资产评价。供应链协同对整合和提升企业内部资源使用效率至关重要，同时为产业链延伸和工业（产业）互联网发展奠定坚实基础，工业（产业）互联网的发展意味着企业数字化转型进入更高的成熟度阶段，企业具备在更大范围内提高资源配置效率、促进商业模式创新的能力。

数据层是企业真正实现数字化转型的关键能力，基于数据对业务和管理活动进行量化、可视化、助力决策与风险管控，是数字企业的核心特征。数据层涉及数据治理与利用两个要素，数据治理解决的是数据如何管理和分析的问题，包括数据工程、数据标准、数据分析和数据可视。数据利用包括了数据赋能和数据增值的活动。在治理中，数据工程是将企业数字化项目作为一项复杂系统工程进行解析和执行，涵盖了数据管理顶层设计、数据标准、数据质量和数据分享的系列化政策、策略和方法论。数据标准是企业数据管理的基石，涵盖了制定企业数据统一规范、数据标准体系和数据模型多维度方法与实践。数据分析是数据资产赋能业务和价值转化的关键环节，也是从数字化到数据智能化的核心。数据可视则是决策支持的重要方法和途径，很多案例企业已经形成多层级数据驾驶舱，包括决策层、管理层和车间层等。在数据利用部分，数据赋能包括完整的数据分析有助于决策者的全景展示和态势感知，拓展了决策者的战略视野，降低决策成本。同时，数据驾驶舱赋能不同层级的决策者、管理者和实践者实现精细管理、自主管理和风险管理。同时，平台化有利于资源整合和跨区域、跨专业、跨企业协同。

结果层是对数字化转型实践的测量与评估，即数字化绩效，既包括可量化的财务指标，也包括难以量化的质性指标。前者是对企业现有指标的改善与优化，包括突破“卡脖子”、综合效率的提升、供应链协同提升和绿色可持续发展。

第二节

制定数字化战略：明确转型的关键目标

企业数字化战略是确立未来发展方向和愿景的动力来源和指南，在战略制定过程中，企业对关键目标和现存问题越清晰，则对战略执行的指导越有力，数字化战略既陈述企业未来发展目标，又明确企业内部迫切需要解决的关键问题。

一、数字化转型战略意图

在案例分析的基础上我们发现，成功推进数字化转型实践的企业具有明确的战略意图和短、中、长期目标，战略意图和目标越清晰，数字化转型的需求越明确，数字化转型的方向越明确，有效性则越高。战略意图可分为解决内部问题和解决外部问题，解决外部问题的企业更倾向于通过数字化转型实现转型、发展和创新。

服务国家发展战略。一飞院深刻认识到数智航空是集团建设航空强国、履行强军首责的重大战略举措，目标就是通过数据治理、云原生、数字孪生等新一代信息技术有效整合和利用各类内外部资源，实现信息流、业务流、价值流的高度集成与融合创新，重塑航空工业科研、生产、管理体系，推动企业数字化转型。

构建自主工业体系中的关键产品。中国航发商用航空发动机有限责任公司（以下简称中国航发商发）以建立发动机自主发展工业体系为战略目标，涵盖了产品研发的关键流程、标准规范、核心设计软件、工程数据等关键要素。针对航空发动机研制周期长和研制经费高的特点，通过数字化转型能力，在虚拟环境中实现对航空发动机整机、部件或系统等的高精度、高保真多学科耦合数值模拟，构建以自主工业软件为载体的数字孪生体系，大幅提高研制效率和质量，减少物理试验反复，降低研制风险和成本，加快研制进程，成为数字化转型的关键战略目标。

扩大产业增长空间。京东方针对产业基础投入较大而收益率较低，产品价格和需求总量波动性强的特点，对基于自身核心能力和资源优势向产业价值链延伸，提高整合资源和协同效率、筛选高潜赛道，以及布局新的业务增长点提出了更高的战略诉求。通过“开放两端、芯屏气 / 器和”的物联网发展战略推动数字化转型变革，实现巨量业务流、资金流、信息流融合及高质量数据的价值创造。

价值链供应链协同需要。一飞院针对运 -20 系列飞机“研、试、用、改”并行走等导致业务场景复杂度增加的现实挑战，提出构建单一数据源，满足分布在全国各地参研单位对统一数据基础支持协同工作的需要。通过开发型号不同研制阶段、不同业务场景的数字样机体系，在广域环境下实现研制全线机载设备研制高度并行，支撑总师单位与配套单位的互联互通，达到设备全生命周期管理过程受控、装机状态清晰、故障归零处理完整的目标。

实现企业平台化转型战略。长安汽车以“汽车新四化转型”为目标，着眼“智能化、网联化、电动化、共享化”汽车新四化发展方向，按照“体系规划、标准建设、落地执行、迭代更新”的业务逻辑，提出要发展成“硬件可插拔、场景可编程、生态可随需、系统自进化”的智能电动超级数字化平台，力求通过建立先进的标准化体系，改革工作模式，创新工作方法，有效解决标准与业务支撑的难题，用标准化的手段满足用户个性化的需求，从而建立各领域的最佳秩序，提升科技创新水平，推动“汽车新四化转型”。

缩小与国际领先企业的差距。江苏中天科技使用国外设备时，面临着国外厂家对设备核心控制程序加密处理，导致使用方无法打通底层信息流、无法实现设备数据互联互通、关键岗位由国外工程技术人员担任，国内人员无法掌握核心生产制造工艺等挑战与问题。通过数字化规划和水平提升将缩小与国际同行差距，发展自主专业设备和管控能力。

在解决内部面临的关键问题上，提升管理效率、降本增效提质是企业在数字化转型过程的重要内在动力，包括数字化如何支持高质量发展、如何通过数字化实现基层与高层的协同联动、如何通过数据链实现质量管理、打破企业内部的信息孤岛等问题。

数字化支持高质量发展。江苏鹰游纺机意识到企业发展必须彻底摒弃一味以规模扩张来降低成本、获取利润的方式，要把更多力量放在提高质量、适应需求方不断变化、具备个性化要求方面。

通过数字化降本增效。江南造船（集团）有限责任公司（以下简称江南造船）面临大宗材料市场波动造成的成本上涨和物资完整到货和及时配送等现实问题，采购成本占产品总成本的60%～70%，但由于数据断层、多平台应用等缺陷，不能有效支撑成本优化和大数据预判。因此，企业通过数字化手段加强集中管理、降低管理成本和供应链成本，提升管理能力和运营效率，确保高效运营并风险可控，实现供应链总成本最优、单一数据源管理、计划与供应链协同作为数字化要解决的关键问题。

通过数字化实现基层与高层的协同联动。陕煤集团将“生产智能化、运营精细化、管理标准化、决策科学化”作为数字化转型战略目标，将陕西煤业、矿业公司、生产矿井三级协同管理框架部署数据中台与数据管理应用结合，形成从矿井智能化改造，产供销一体化智慧运营，业财一体化智慧决策作为数字化目标，以实现“纵向共享、横向联动、业财一体、实时管理、智能分析”的三级智能协同体系，完成“智能矿井—智慧矿区—智慧陕煤”的战略目标。

通过数据链严控质量。上海宇航所的核心业务与研制产品具有“小子样、多品种、高可靠、高风险”特点，面临“高密度、高可靠、高动态”“责任重、任务重”的任务形势，对质量稳定性与一致性、测试覆盖性和全面性、判读准确性和可靠性有更高要求。企业力图通过数字化转型实现质量管理模式从面向结果和汇报演变成面向产品、面向流程、面向过程的质量确认管理模式，因此数据链的过程管理至关重要，通过数据链有效识别和控制技术风险及快速聚焦、放大和量化控制关键细节，实现预防为主、源头抓起和实时全过程精细化质量控制的战略目标。

上下游信息共享，打破信息孤岛。中车唐山机车基于数字经济时代的科学研判，将数字化放在集团“五化”战略之首，伴随着企业的快速发展，不断发现上下游业务衔接不顺畅，数据信息难以跨业务、跨系统、跨职能，数据运用价值不足、驱动力不足等典型问题。这些问题要通过数字化转型加以有效解决。

二、数字化转型战略规划

传统企业数字化转型是一个长期工程，企业规模越大、复杂度越高，推进的周期越长，顶层设计与战略规划对确保项目的持续推进和一致性至关重要，在这个过程中，不同企业采取了不同策略。

以灯塔工程和业务流程为重点的点—线模式。在数字化转型战略规划原则上，京东方以“一个、数字化、可视的京东方”为目标，整体规划数字化变革的战略蓝图，“一个”是归一化管理，建立航母事业群专业化、集约化的业务管理体系，使各业务协同运作、发挥规模优势；“数字化”是推动业务流程化、流程数据化、数据资产化；“可视”是按照公司运营体系要求挖掘数据资产的价值。

京东方的战略规划细化为两条落地途径：一是以建设灯塔工厂加速变革落地，通过建设数字化与智能化融合的标杆灯塔工厂，将大数据、人工智能等先进技术与运营体系相结合，形成系统方案落地。二是以流程为核心，打通集团范围内端到端价值流，建立统一的架构体系、均衡各业务数字化管理水平，包括从市场到线索、产品开发、问题到解决等 14 个关键业务流程。数字化变革项目规划站在经营管理高度，以业务战略为牵引，以打通端到端流程为目的，综合考虑投入产出比和优先级后再设立变革项目，每个项目有明确的价值导向，杜绝不合理需求，抓住主要矛盾，在变革行动前进行充分预研，变革成果以数字化产品为载体，真正赋能业务组织的价值创造。

以横纵贯通的指标分解规划模式。在向能源互联网转型过程中，海尔集团通过横纵贯通完整的综合指标评价体系引领数字化转型过程，横向指标涉及不同能源种类的使用评价，纵向覆盖“产品→产线→园区”各个环节，具体方法：外部对标（包括对标国家指标和行业优秀实践及领先指标）；横向指标涵盖输入到输出全过程。在输入端，通过能源质量评价模型，对入厂能源进行测评，确保采购绿色高效能源，杜绝传输过程中的不必要损耗，建立能源转换效率评价体系，通过对工厂班组、设备能源转化效率进行网络评价，减少转换过程能源损失。在输出端，在对碳排放成本减少持续改进效果评价中，借鉴价值工程的思想构建指标体系，运用层次分析等方法引入时间价值维度，对成本优化的可持续效果进行评价，实现对单台能源成本评价体系。通过同一产品不同型号能耗指标、每一产线每台产品的能耗进行评价，推进工厂能源使用效率最大化。

用三级目标管理推动转型。山东海化以目标管理为导向，在“确保目标、奋斗目标”的基础上，设定了“展望目标”，提出了“确保目标是底线，不能突破；奋斗目标是任务，必须完成；展望目标是理想，力争实现”的总要求，并按照“三分三定”（即分类、分级、分责任，定数、定时、定奖惩）原则，层层分解，逐级加压，形成了“一总六分”（“一总”即生产经营总目标，“六分”即安全、环保、生产、销售、费用控制、项目建设）的目标管理体系，并将生产经营指标进行分级拆解细化，精细管控，精准操作，精益求精，通过分目标的实现，确保总目标的完成。借助数字化、智能化生产管理控制模型，将生产精细化管理作为生产核心管理手段，自动采集数据，后台分析数据，不断提升生产管理精细化水平，将“稳产、高产、优质、低耗”的潜力挖掘出来。

三、数字化转型的战略分析

数字化技术与业务体系深度融合一直是企业信息化与数字化建设中的难点

问题。案例分析发现，领先企业在制定数字化转型路线图时，借助九种分析工具与方法，梳理数字化转型的整个蓝图。

（一）基于模型的系统工程

中国航发商发充分对标国内外最佳标杆企业，参照基于模型的系统工程（MBSE）和基于模型的定义（MBD）顶层框架，围绕产品研制全生命周期，构建从产品的市场需求到产品退役的端到端流程体系，并以流程为主线构建支撑研发过程的工具、数据和标准。针对商用航空发动机跨地域、多专业协同研制，以及流程复杂、海量异构数据传递、工具版本众多等挑战，构建了数字化集成研发平台，实现对全生命周期研发流程、工具、数据和标准的数字化集成，开发航空发动机研发的核心工业软件。企业在制定数字化方案时，提出了以“两透两控两对接”为核心的产品研发体系落地方案（即吃透需求，吃透技术；严控构型，严控评审；项目全面对接研保建设、对接体系建设），做实总师专职化与强矩阵下的团队管理机制，并从横向和纵向两个维度，梳理完整工程体系，通过发现内在关联和支持，重点推进，高效协同。

中国电子科技集团公司第十四研究所（以下简称中电科十四所）也基于该模型，构建深度融合的装备架构设计方法，对场景进行可视化建模与分析、论证各装备的协同匹配、从整体性能最优的角度论证充分理解用户需求，以模型方式对总体需求、功能、指标、方案设计和动态验证进行分析分解，对工业互联网和基于大数据智能决策提供基础和指南。

（二）需求管理驱动数字化转型目标达成

一飞院在全面识别各层级研制需求的基础上，通过功能样机、性能样机、几何样机三类样机定义和仿真验证，实现需求逐级分解、验证与实现。在规划中，明晰规范与需求输出的对应关系，通过对需求的传递和分解分析，得到需求在每一层级传递过程中产生的顶层和底层需求，形成顶层需求和底层需求规范的对应关系。中国航发商发为了缩短物理样机研制、试验验证周期及形成闭环验证，充分挖掘客户需求，建立需求捕获与分析、产品设计、工艺设计、工装设计、加工装配，直至试验验证过程的生命周期数字化模型，以需求为牵引，集成生命周期的各个阶段，使得产品以需求为导向，通过模型清楚表达系统的功能及与外界的交互关系，降低产品研制的风险和成本，提高效率。

（三）依据过程管理支持数据体系建设

上海宇航所将质量管理与过程管理结合起来，强调结果的过程保证，过程决定结果，只关注结果，不关注过程的质量不可持续。在数字化转型中企业重视对过程要素的全面梳理，确保每个子过程可度量、可监视，关注各里程碑节点之间的网络化描述，每一过程完成时间、完成标志和责任人需要时间精确到日，完成标志精确到文件，责任精确到人。通过精细策划过程技术事件链，发现各要素和各事件间相互影响和相互制约，实现系统随任务进程的量化和优化的逻辑，确保过程高效、节点可控、成果可靠，过程环节要素描述清楚的业务流程网络。基于过程分析建立基于数字化的正向过程质量管理模式，实现精准记录，及时判读，预示风险，逐步挖掘复杂系统和流程下的隐性风险，做到工作即记录，记录即数据，通过实时过程质量确认数字化系统实现质量评审的“点式”转变为横向到边、纵向到底的“全级次”质量管理与数据记录。

（四）遵循质量管理体系构建数字化能力

中国中车在数字化转型过程中，以国际铁路行业管理体系标准IRIS（International Railway Industry Standard）为核心，建立覆盖13个管理体系的一体化企业经营管理体系，对公司全部管理制度、业务流程、工作标准进行优化升级，实现管理标准化。通过纵横两条线来实施，纵线围绕产品研制主流程，理顺技术系统各部门之间在产品全生命周期各阶段的输入和输出，并通过制度、模板和表单的形式进行固化；横线以核心产品技术标准化来实现，开展结构标准化、接口标准化、产品模块化、构型管理基础等工作，建立产品谱系化技术数据库，完善产品技术数据规范、技术标准和规范性文件，为产品全生命周期的技术打通奠定基础，而数字化转型也紧紧围绕这套体系推进。

（五）围绕标准化体系建设数字化平台

长安汽车在行业率先建立“标准法规数字化平台”，通过标准化数据的全过程收集、分析与处理，助力企业决策。企业通过“标准法规数字化平台”，按照ISO的标准数字化五层级SMART概念，将标准从开放数字格式转化为“标准条款”，将标准全文拆解为原子化的技术要素，集成标准属性、适用产品、专业、零部件、实施日期等各类标签信息，打造标准的“全息影像”，为标准数字化转型奠定基础，推动标准化工作向数字化、网络化、智能化转变。通过对标准的“拆解条款、打标签、推送评价、跟踪整改”流程，根据产品类型、里程碑、专业、项目角色等精准定位将标准技术要素推送到产品设计过程进行评估，对不符合项进行整改，通过数字化手段助力产品开发风险早预判。根据用户需求以在线化与集成化的方式提升信息推送、共享与传递，支撑数字化产品的高效开发。

（六）利用项目管理推进全生命周期管理

中国移动每年新立项建设项目近 2 万个，软硬件集成实施中涉及与运行中庞大网络的实时割接，实施风险难度极大。企业围绕工程管理“质量、进度、造价、合规、安全”五要素，强化基础管理和项目全过程管控，将项目全生命周期标准化为 6 个阶段、35 个关键环节，逐一明确把控要点，持续提升工程管理规范化、科学化、精细化水平。针对各业务和 IT 线条 73 项关键任务、247 项里程碑事件，按月进行督办，加快推进工程实施。按照计划目标倒排工期，挂图作战。创新招投标方式，以电子化手段在线汇报、评标，通过赛马机制调动参与企业的积极性和创造性。

（七）通过对标管理提升战略视野

中国航发商发在对标国内制造业标杆企业的基础上，充分研究了国外先进航空发动机制造企业的体系运作模式，基于系统工程方法论和我国航空发动机制造的工业基础和技术能力，建立了覆盖研制各阶段，支撑商用航空发动机研制的产品集成研发流程框架。中国中车对标西门子、三一重工等国内外优秀企业先进模式，围绕市场、技术、制造和服务等核心业务打造全生命周期贯通的信息化业务平台，建成了以研发协同平台、企业运营管理平台和制造运营管理平台为主体的企业决策分析系统等信息化架构。实现了主产品流程、主业务流程横向到边、纵向到底的信息化系统覆盖，有效支持了以高速动车组为代表的轨道交通装备产品的全生命周期管理。

（八）应用 TOGAF 构建数字化架构

中电科十四所借鉴开放小组架构框架（The Open Group Architecture Framework，TOGAF），聚焦核心业务系统规划数字化转型的数字化总体架构。将研发、制造、保障三大领域的架构规划显性区分，构成数字化总体架构的三大核心。为解决三大核心业务领域之间融合贯通的问题，应用基于模型系统工程，将三大业务通过数字化模型进行横向贯穿，确保不同形态的业务活动和数据流前后双向全过程贯通，实现装备研制业务的整体价值提升。

（九）参照构型管理确保数据同源

中车唐山机车基于构型管理，借鉴军工技术状态管理和航空构型管理经验及标准，建立轨道交通行业的构型管理规范，搭建构型管理平台。创新性地建立了设计构型、工艺构型、运维构型、检修构型、试验构型、功能构型规则，通过构型管理生成贯穿产品整个全生命周期各阶段唯一数据源的构型数据，确保数据同源、数据链完整，数据可传递、技术可传承、质量可追溯、成本可控制。构型管理覆盖所有新产品，归集全生命周期数据，从数据链角度消除部门分工阻隔，实现构型数据的一致性和可追溯性。

四、数字化转型战略推进

从数字化环境到闭环管理过程的演进模式。一飞院采取了三步走的策略：第一步，建立两大基础，全要素融合的标准体系和基于统一数字化研发环境；第二步，基于统一标准和数字化研发环境构建多维度数字样机，包括功能样机、性能样机、几何样机；第三步，在已构建数字样机的基础上，根据飞机研发过程中的问题反向持续优化，达到以虚映实、以虚驭实和以虚代实的目标，形成全生命周期需求、设计、制造、服务的双向控制体系和闭环螺旋管理，奠定新产品研发的数据基础。

从试点到规模化的拓展模式。国家电网制定卓越提升三年行动计划，明确“三个一批”产业集群发展规划，实现突破一批、综合示范一批、规模发展一批的发展战略。突破一批重点在电网业务方面的新领域创新，构建数字化技术创新应用业务模式，聚焦国内短板“卡脖子”芯片研制，实现高端芯片突破。综合示范一批包括重点围绕“双碳”、新型电力系统、能源互联网、信创等国家战略，打造一批精品综合示范工程。规模发展一批重点加强“国网芯”、北斗及地理信息服务、网络安全、运维集成等的规模发展。国网浙江电力通过试点成功，规模复制方法，以优秀专家人才和资深专业人员为主体，打造企业级、多层次专家柔性团队，以专班的形式集中攻关。

围绕业务价值链的渐进深化模式。京东方锁定数字化变革的目标是追求长期稳定高质量发展的管理变革，即建立以流程为基础的管理体系，实现高效运营，采用“流程为纲、效率为本、统一规划、集成变革“的纲领，按照统一的“三阶八步法”在全集团展开数字化变革。“三阶”包括业务流程化、流程数据化、数据可视化与资产化，“八步法”包括业务架构化、架构组织化、组织流程化、流程 IT 化、数据治理、IT 数据价值化、数据可视化、数据资产化。数字化转型由客户需求发起，到客户满意结束，以分类分层流程架构为基础，由业务部门担任流程负责人并主导建设。

围绕“四智”重点建设模式。徐工集团将数字化技术战略规划和推进重点聚焦四个领域：一是智能产品，围绕产品开展数字化技术应用，为数字孪生产品提供源头基础，实现“软件定义产品”；二是智能制造，注重制造环节的数字主线、数字映射的融合应用，通过打造 30 余个应用场景实现 5G 全连接标杆制造工厂；三是智能服务，以服务为主线开展智能服务管理，通过提供数字孪生产品，系统性提供智能施工能力，开展预测性维修服务，全面提升智能服务水平；四是智能供应链，企业通过打造协同作战产业链的“同盟军”，通过产业链整体数字化、智能化水平的提升，加快新旧动能转换。

第三节

夯实组织保障：挖掘数字化转型人才与方法

推动数字化转型的核心力量是人，作为一项新颖、复杂、持久的系统工程，数字化转型需要整个组织的参与和行动。在这个过程中，既需要有远见卓识的领导人，又需要懂业务管理、懂技术的人才，更需要技能更新、行为转变的基层员工，因此人才队伍建设至关重要。

一、数字化转型领导力

一把手工程的引领机制。国家电网总部设立“数字化工作领导小组”作为数据管理的领导机构和最高议事机构，公司董事长、总经理双组长负责制保障数据管理工作的全局领导。在总部和省（市）公司设立数字化部，归口数据管理和数字化转型工作，组建国网大数据中心等专业支撑机构，开展跨专业数据管理和应用。

中国中车把数字企业建设作为一把手工程，明确数字企业建设目标，整体绘制数字企业建设蓝图，通过整体计划抓落实，确保项目方案落地和效果呈现。通过成立数字企业建设办公室，统筹开展数字企业建设的推进与落实工作。同时还组建数字化研发、数字化制造、数字化服务和数字化运营四个专项项目组，各专项项目组由主管、高管领导直接负责及推进落实，协同各职能单位落实推进。

从顶层到基层的联动机制。陕煤集团由集团董事长和总经理任组长，设立13个系统工作专班，高效统筹煤矿智能化建设具体工作。所属各矿业公司成立领导机构由“一把手”为组长，并设置智能煤矿建设项目组，各煤矿落实主体责任，形成“陕西煤业—矿业公司—生产矿井”三级联动的智能化建设组织架构。其中，领导小组整体统筹协调政策支持及保障措施，发挥三级联动中的顶层作用，集中力量、自上而下、由点及面地逐步推进煤矿智能化建设。企业还成立智能化矿山建设推进工作顾问委员会和专家咨询委员会，通过外聘专家等方式加强智能化建设的咨询指导工作。

业务技术双总体联合推动模式。中国航天科技集团在全集团层面建立“一核双线”工程推进组织保障，统一思想，建立数据管理方法体系，在管理线和技术线同时设置业务总体和信息化总体，“双总体”在工程推进不同阶段重点各有侧重，交替牵头、密切协同，通过业务与信息化双轮驱动，实现统一组织下业务与信息化的深度融合，发挥组合优势。

二、数字化转型组织保障

业务与数字技术团队深度融合，避免“两张皮”。一飞院为了避免数字样机体系建设与型号研制“两张皮”现象，加强体系建设过程中的组织保障，数字样机体系的组织机构与运-20飞机型号研制领导组织机构“一套班子、一套人马”，成立由研制全线主要参研单位组成领导组织机构、研制全线参研单位组成执行机构，领导和执行机构负责项目的整体推进、资源统筹管理、重大事项协调解决等，定期就数字样机应用及使用过程中发现的技术及管理问题召开月度、季度、年度现场协调会，发现问题立行立改，保证数字样机在设计信息迭代和优化过程中，打通内部各专业间及各单位间的企业壁垒，做实项目管理、技术研发和过程质量管理职责。技术与战略同谋划、同部署、同跟踪、同评价，使技术线、质量线在管理线统筹下开展技术研发、质量监管、进度管理和资源管理。

建立跨部门稳定—动态协同机制。中电科十四所在数字化转型项目立项阶段成立跨部门、多专业弱矩阵项目团队、关键角色及隶属职能部门。各部门的分管领导是固定的，以确保各职能部门决策和投入的稳定性，技术负责人和业务负责人负责具体工作，针对项目不同阶段的需求，团队成员动态调整，确保各专业能力互备和流动，动态的跨部门项目团队使得团队内横向沟通更加顺畅，不断适应挑战和自我调整能力，在应对数字化转型项目复杂性中体现很大的优势。

数字化转型叠加变革管理的三角合力机制。京东方在顶层设立变革指导委员会，主要成员为企业高层领导，负责数字化变革过程重大事项的管理决策；中高层设立企业架构委员会，由业务、技术、应用和数据架构专家组成，负责数字化变革过程中的技术评审；数字化业务核心层设立业务数字化变革与IT管理团队，主要成员为集团研发、生产、营销等各领域流程负责人、IT负责人及相关领导，负责决策各领域变革需求及权限范围内的变革项目里程碑。在企业运营层面，设立各领域的流程数据运营部，负责各领域流程和数据工作的统筹和赋能。在项目落地层面，成立首席变革与IT管理官组织，专职推进集团数字化变革进程。在数字化转型和变革管理方法论上，企业架构与流程数据管理中心负责规划企业架构与变革路径、统筹流程和数据管理体系建设。变革管理的实践论由项目管理中心负责，统筹变革项目从立项到结案、评价的全过程管理通过推动变革项目落地将企业架构和流程体系贯彻到位。IT 技术相关中心负责业务流程在 IT 系统落地、运转及优化，提供技术支撑，为数字化变革提供工具，三个部分各自职责清晰，形成合力，以变革组织保障数字化变革成功。

配置优质资源支持平台与员工协同。海尔集团为了推进智慧能源互联网战略，建立集团环境保护委员会，由集团总裁担任委员会主任，各领域负责人担任领导小组成员，按照一流基地、一流服务商、一流项目团队、一流机制流程的推进思路，建立健全“集团—园区—线体工厂”三级节能环保和安全管理模式。集团环境保护委员会下设环委会办公室，以及在各产业板块的节点接口实现节能减排责任到自主经营体、到小微工厂。基于海尔集团产品多样化、园区多地域的布局特点，海尔集团在全国各园区都派有专职员工，融入当地工厂，在总平台的指导与支持下，负责园区能源管理的目标规划、实施与管理，节能减排责任到价值岗位、到人，推进全员参与，保障集团目标与业务需求的有效对接。

构建联合团队促进跨部门协同。中国电子科技集团公司第二十九研究所（以下简称中电科二十九所）推进“横向职能协同、纵向专业分工”的策略，重构组织机构，打破部门墙、项目墙。由主管所领导牵头，组建包括生产、流程、信息化、工艺、质量等联合团队，形成顶层策划—业务—推进—专业的管理组织。以项目管理的方式协同推进战略规划、系统论证、工艺规划、质量管控、生产设计、信息化开发、工程建设、采购管理、财务控制等子模块职能协同。在生产组织机构上按专业分工进行重构，围绕生产体系逻辑，对生产人员划分为生产设计、生产策划、生产制造、生产管控、系统支持五大专业。专业间通过协同作业机制发生业务关联，各专业人员按能力模型专注于专业的事，分工清晰、任务明确、绩效量化、协同作业，有力提升工作效率。

三、数字化转型人才激励

根据数字化转型关键点设置专业岗位。京东方根据数字化转型中业务与技术、规划与实施脱节的问题，创造性地将人才划分为六种类型：数字化高管制定蓝图远景，转型骨干作为数字化项目的教练，需求转译员作为业务组织和技术组织的衔接桥梁，数据工程师作为数字化技术解决方案的实施者，工业互联网架构师探讨如何搭建科学合理的工业互联网技术架构，数字化现场主管作为数字化实施一线推动力量。与此同时，企业根据数字化变革实际需要，设置专项激励金，重点激励优秀项目及实施过程中的优秀员工，充分激发其参与热情；将数字化变革经历纳入晋升考核优先评价因素，以鼓励更多优秀人才踊跃投身数字化变革，加速培养京东方自己的数字化人才梯队。除此之外，京东方鼓励内部员工向数字化事业轮岗，给予更多上升机会和更大激励倾斜度；对数字化事业人工成本预算、人效指标的考核，原则上不做出绝对指标考核要求。通过机制创新和人才使用，不断识别高价值数字化应用场景，以敏捷方式快速推出应用方案并迅速落地。企业还通过智能制造学堂，提炼数字化变革实践经验，将优秀成果升至集团层面，把标杆工厂中先进技术应用经验写成案例并打造标准。基于实践开发精品课程，根据各工厂专项需要提供内训赋能、认证和一对一辅导，公司还专项养成以战代练，不断提升员工的数字化业务水平，选拔数据运维、数学模型搭建、大数据分析等领域数百名专项人才。

激发员工数字化转型中的微创新与工匠精神。陕西煤业通过不断完善工作考核评价体系，激发建设智能煤矿积极性和主动性。为激励陕西煤业完成“四化”建设任务，每年召开集团煤矿“四化”建设推进会、智能快掘现场会、“四化”建设工作表彰会等工作会议，实行月度检查、季度总结、年度考核的考评机制，设置专班不定期督导巡查和通报奖惩情况，对智能化建设优秀单位给予重奖，全面加快了煤矿智能化进程。企业还依托数据标准体系建设目标，培养人员在标准遵从、平台运维、数据运营方面的专业能力，设置数据治理、数据应用、数据管理、数据安全等全新岗位，牵引人才有序转型，以复合型专业人才队伍保障煤矿智能化的高效建设与稳定运行。公司大力弘扬“工匠精神”，集成公司内部创新资源和员工智慧，发挥劳模、工匠等优秀技能人才的示范引领作用，在基层矿井成立创新工作室，鼓励员工立足岗位微创新，形成“人人都是创客，事事皆可创新”的创新氛围，为煤矿智能化建设汇聚大众智慧。

通过国内外开放合作加速人才培养。江苏中天科技与国内外数字化知名企业强强联合，共同研究攻克光棒产品数字化生产管理技术瓶颈问题，花重金派员工常驻国外企业现场学习三维建模软件并对其进行二次创新，通过“产、学、研、用”模式，分别与清华大学、浙江大学、上海大学、东北大学等知名高校进行合作。中电科二十九所借助国际体系标准、高校、科研单位、优质供应商等外部资源力量，强化人才成长和培养机制，邀请德国科学院院士、工业 4.0 专家来所指导，选派多名博士骨干赴德国达姆施塔特工业大学深入学习、赴日本学习精益管理体系等。中国移动组织全球 16 个主流的设备、芯片和终端厂家在全国并行测试，打通端到端产业瓶颈，修订 2000 余项产业痛点，确保我国 5G 商用领先。

外部招聘与内部培养双向机制。重庆农村商业银行对数字化人才培养采取了双向路径：一是外部招聘；二是内部培养。对外部招聘人才，采取薪酬“双不封顶”策略，以技术序列为例，部门技术总监薪酬高于管理序列总经理、副总经理，对外引入的金融创新技术总监薪酬数倍于行长、董事长，处于全行最高水平。对内科技人才培养上，不拘一格选拔人才，通过创新大赛、数据建模大赛等形式，遴选职工到总行金融科技中心借调学习，已有 10 余名表现优秀的基层员工在借调结束后留总行金融科技中心工作，其中 2 人成长为经理级干部，与此同时，企业通过“创新学苑”“三一学堂”“金融标准小课堂”等开展全行职工数字化普及宣传、科技人才专业培训，为行内员工快速汲取金融科技前沿知识和创新理念提供了有效途径。

四、数字化转型绩效管理

形成以客户为核心的考核机制。海尔集团在考核机制上采用了多元化的考核机制，基于“人单合一”模式与开放共赢的链群合约，海尔集团创新以用户付薪为核心的激励机制。不同于传统的企业付薪，海尔集团的用户付薪机制坚持创客创造价值与分享价值的统一，创客的薪酬不是由企业根据岗位、资历支付，而是根据创客创造的用户价值的大小，由用户支付给创客相应的薪酬，让创客在创造用户价值的过程中实现自我价值。海尔集团与资源方等利益相关方围绕用户痛点，共创解决方案、做大价值“蛋糕”，各方分享增值成果。

综合考核体系变革。山东魏桥集团通过设计高效的信息采集、整理、使用、反馈等流程，实现智能排单、远程下单，根据客户订单需求快速进入原料评价、分类、最佳配棉，最优生产工艺自动匹配和推荐，全流程在线质量监测与检测，质量、设备问题等智能分析推送，值车工、维修工一体化小组式考核模式。改变了原有的管理思维和模式，形成了智能化全流程的管理体系，使人、设备、软件融为一体、互联互通，促进智能化管理升级。

实现人力资源整体数字化管理。中国远洋海运集团面对企业规模快速扩大和国际化的需求，通过数字化管理体系完善了对 1085 家机构、2.2 万岗位、10 万在职在岗员工数据的全面管理，由过去的手工线下层层报送、耗时半月多头汇总、数据质量难以保证提升至一键操作分类汇总、实时动态数据多维呈现、数据精准可追溯检验，打通人才“选、育、用、留、退”全生命周期的线上闭环，落实全方位培养、引进、用好人才。最终形成包括驾驶舱、组织管理、招聘管理、培训管理、画像中心、测评中心、绩效管理、薪酬管理、员工服务九大模块功能的数字化人力资源管理平台，全面推动人力资源管理者转变工作重心，从具体操作性工作转向战略引领性工作，使人才统计报表汇总的及时性、高效性、准确性均大幅提升。在人才选拔、培养、激励上做到全面覆盖、精准匹配，助力人才选任。人才基本信息和工作履职表现的全景画像，具有智慧选人能力，在培训方面做到千人千面，助力精准培训。

第四节

业务技术深度融合：加速数字企业建设

对于大多数企业，特别是制造业，用实体制造过程中的数字孪生进行配置、调控和优化的概念被称为“数字化转型”。[①] 实体部分包括人、机、料、法、环，数字孪生通过数字技术和网络及无处不在的应用程序和服务，提供智能数据管理、分析和计算。通过实体与数字孪生的密集连接和交互，不断改善生产制造过程。[②]

一、数据孪生与虚实交互

通过数字孪生与实体车间交互实现自适应调控能力。中电科二十九所基于离散型生产集成工艺复杂、集成环节众多、局部响应延迟等问题，为提升对生产过程中异常事件决策响应的及时性、动态性和准确性，利用数字孪生技术的虚实交互、实时映射、共生演化的特点，构建基于虚实映射的动态调整优化机制和系统，同时针对物理车间异常、波动和偏离实时跟踪，结合模型和算法进

① Söderberg R, Wärmefjord K, Carlson JS, Lindkvist L. *Toward a Digital Twin for Real-time Geometry Assurance in Individualized Production. CIRP Ann*, 2017, 66 (1):137-40.

② Fei Tao, Qinglin Qi, Lihui Wang, A. Y. C. Nee. *Digital Twins and Cyber–Physical Systems Toward Smart Manufacturing and Industry 4.0: Correlation and Comparison. Engineering*, 2019(5):635-661.

行仿真，实现动态生产环境下扰动变化的自适应调整，保证生产平稳正常运行，通过虚拟车间与物理车间的共同进化，提升车间适应变化、扰动响应能力和异常解决能力。

利用数字孪生调整纠偏。中国电子科技集团公司第二十研究所（以下简称中电科二十所）利用制造生产线虚实状态同步映射技术，在虚拟空间实时监测设备状态、作业执行信息、生产异常状态，与原始需求实时对比校验，评估与原始策划的偏离和预测分析，对已经或即将偏离策划作业的工序及时预警，利用多目标优化算法、遗传算法等算法技术同步启动虚拟空间仿真运算，迅速做出判断和应对措施，快速实现自适应的调整纠偏，保证车间生产的平稳正常运行，规避或减轻任务执行过程的风险。同时，系统的模型和算法在多次动态运算中迭代进化，构成基于数字与实体 PDCA（计划、实施、检查、处理）的动态完整循环。

产线柔性重构及计划直达工位。中车唐山公司通过打造数据贯通的柔性产线，结合公司多品种、小批量的离散装备制造特点，以及产品工艺布局、生产模式、制造批量等情况，实现各生产要素的管理从文档方式向结构化数据方式的转变，推行多平台产品共线生产，提升公司产线的柔性与可重构能力。负责生产制造各要素的职能部门，依托企业制造运营管理平台将生产所需的制造要素数据按照计划精准投递至生产作业工位，员工运用数据仓库、数据看板等工具对产线制造、加工、资源、成本等维度的数据进行管理与分析。通过平台实现生产制造信息的自动化、数字化采集，反哺设计、工艺、质量等要素部门进行优化，共同促进提质、降本、增效与节能可持续发展。

依据工业大数据实现制造持续优化。徐工集团与阿里云开展合作，将零部件的关键参数、性能指标、参考标准、试验数据、工况数据、故障模式、寿命数据等仿真过程生成的数据进行汇聚，构建出数字孪生产品模型，形成虚拟产品基础模型。在制造环节，通过大量传感器设备实时采集数据，利用工业大数据技术，结合订单、设备、工艺、计划等产品数据，将与实物产品对应的部件信息注入虚拟产品中，使虚拟产品与实物产品形成映射。徐工集团还针对制造过程产生的数据采用聚类、规则挖掘等数据挖掘方法及预测机制建立多种基于数据的生产优化特征模型，为制造过程的质量跟踪与追溯管理提供依据。

数字化助力全过程自动化生产。京东方建成贯穿生产全过程的自动化工厂，极大提升生产过程工艺参数稳定性和一致性，为客户提供更为可靠的品质保障。在连续生产过程中，自动化生产使所有的机器设备都按既定节拍运转，保证生产的均衡性，提高劳动生产率，缩短生产周期，为客户提供更为稳定的交付保障。在运营层面，通过生产互联互通系统打通生产计划系统、物料控制系统、设备预防保养系统、制造执行管理系统、质量控制系统、仓储管理系统之间的连接，将制造业务流程固化在 IT 系统中，实现数据自动流动，将生产过程数据化，及时掌握业务实时现状，实现动态分析与持续改进。

利用算法助力优化排产。京东方在生产计划上建设了闭环动态排产自动派工系统，运用基因算法每 15 分钟统筹安排 800 多台设备的最优排产，并将结果实时自动派工至生产设备闭环执行。在生产过程中，物联网监控生产设备动作时间，自动识别瓶颈动作，实时监控全自动生产线过程中瓶颈动态漂移情况，并建立敏捷团队，利用动作提速和动作合并改善瓶颈以获得更好的节拍时间，充分释放产能潜力。在精准生产方面，打造“一个”制造排程系统，标准化数据模型和调度模型，实现集约化运营。

数字化助力异常管理及全过程质量管控。中车四方基于高质量发展的需要，实现了质量体系全过程数据获取、问题跟踪、结果评价的规范化，主要质量指标的可视化，质量改进过程的自主化。公司以异常状态管控为核心建立质量指挥中心，通过职责细化建立分级管控体系，指挥中心设指挥层和状态管理层两级管控，指挥层又分设公司、部门级异常中心对异常进行线下协调及处置。状态管理层分为公司质量管理、项目质量管理、“智造链”、供应链四级，切入业务实施管控。智能设备数据可实时获取专检点，实时监测制造过程状态数据，通过信息系统集成接口获取与当前工序相匹配的检测结果、技术变更、不合格品处置等数据进行预警监测；对于暂不具备实时接入智能设备数据的专检点，主要监测信息系统集成相关数据。质量指挥中心通过业务数据的异常预警，实施基于数据、事实和理性分析的实时状态管控，实现了公司管理层与业务层的快速沟通与有效决策，实现由人力驱动业务到数据驱动业务的转变。

二、数字化仿真

对关键产品的数字化仿真。中国航发商发从产品研制全生命周期、产品层级和专业学科三个维度建立了300多项仿真技术能力，形成了193项仿真工作流程和标准，覆盖了航空发动机关键部件与系统的数字化仿真。为了提升仿真模型的精度，公司基于分层验证思想开展仿真模型的验证与确认。

对研发生产全过程的数字化仿真。中电科二十九所从“数字化定义与建模、数字空间仿真计算、多专业制造协同、运营智能管控、动态调整与自进化”5个方面入手，将基于项目团队的粗颗粒度生产管理变革为基于流程规范化、资源多维度精细定义、工艺路径仿真计算柔性重构、车间与产线工位制造能力柔性可扩展、组织与专业精准协同、运营管控数据和模型智能驱动、贯穿企业一车间—产线工位各层级，从需求到仿真、执行、控制、优化全过程的自闭环、自进化的智能生产管理体系。以全过程工序逻辑解析和全要素资源需求为主线，建立工艺过程模型定义方法，完成全部数百型整机产品建模，建模数据超过220万条，从数学上打开生产集成过程“黑匣子”，为路径的仿真和灵活规划提供了支撑。

对整体生产过程的仿真建模。江苏中天科技在数字化转型实践中，针对光棒生产制造工序繁多、过程复杂的特点，组织工艺、设备、生产、质量、安卫环等各板块数字化技术人员对整个生产制造过程进行分析，利用建模软件对工厂结构、设备布局、生产场景等进行3D建模，形成“光棒智能工厂整体建模图”，再通过仿真技术推演各生产环节中物料流转等待、流转干涉等问题，针对性地进行内部结构优化，厘清了工厂内部设备层、交互层、车间层、运营层之间的数据流，实现了生产数据100%互联互通，消除了信息孤岛，缩短了项目设计周期，有效降低了数字化升级改造试错成本。企业还在MES（生产执行系统）基础上，基于Python语言建模开发新型光棒制造执行系统，实现从计划、进料、生产到检验、出库全流程监管，并开发出相应数据处理模型和可视化图表，实现整个生产过程透明化管理。

将仿真技术用于质量监测。江苏中天科技针对业内缺乏对大尺寸光棒专业性检测设备，关键性能指标依赖人工检验误差大、效率低等问题，自主设计开发多功能光棒性能检测设备，利用计算机仿真，将大尺寸光棒置于具备AI识别技术模型中进行虚拟检测，导出仿真检测结果，与人工检测结果进行比对，找出差异并进行评审，成功开发出大尺寸光棒检测设备，实现业内从无到有的突破。

通过数字化仿真降低风险。为减少各类风险对生产过程稳定性的影响，中电科二十九所从资源、质量、干系人、时间、沟通、范围6个维度构建风险基础模型。通过对专家经验数据进行梳理整合，形成知识库信息200余项；经过专家团队分析评审，获得52条典型风险源并与基础数据库模型映射，最终形成风险数据库。该所以遗传算法为基础，融合反向传播神经网络的智能仿真算法，从企业全局角度基于周期更短和全局综合资源更优原则，对多路径计算进行最优计算选择，构建出129条算法准则，实现工序基于逻辑的灵活组合，使生产具备高度柔性和可重构性，整体提升生产体系面对多变需求的可变性，有效减少生产执行过程中的中断和等待，确保整体工艺执行的连续和平稳。

三、智能制造与智能装备

打造工业物联网体系。中电科十四所为提升装备制造数字化能力，在工业生产中对设备状态建立感知和智能车间数字孪生体系，实现装配过程在线监控、实时预警，促进计划安排、资源配置、生产执行与调度的智能决策管理，满足装备柔性、透明、均衡、高效、优质生产。在设备控制、信息集成、信息建模、信息分析、决策优化等过程中，实现工业互联和虚实融合的生产制造能力，形成设备—设备、设备—系统、设备—系统—产品、企业—产品—用户的四大闭环。推进制造方式由传统制造向基于工业互联的智能制造方式转变，打造与各智能单元、智能产线的工业数据采集能力，远程控制生产线仓储设备、配送设备、装配设备及测试设备的具体工作，并将智能单元、智能产线所采集的信息数据进行加工处理，把异构信息转换为标准格式的数据，分布式地存储于工业物联网中。通过物理系统和仿真系统的混成模型，推动生产制造由“实物经验方式”向“信息知识方式”的转变。通过建模仿真技术对物理世界进行数字化和虚拟化，实现物理实体与数字虚体之间数据双向动态交互，以及反馈式设计、迭代式创新和持续性优化。

建立产品—车间—施工过程的数字化无缝衔接。中国铁建重工集团（以下简称铁建重工）数字主线围绕横向与纵向搭建基于数字模型的复杂地下工程装备智能化架构。横向围绕地下工程装备从市场到交付与服务的产品全生命周期数字主线，实现各数字化系统之间的无缝集成。装备全生命周期数字模型沿着数字主线的流转并传递到下一代产品，实现端到端全过程闭环迭代优化。纵向围绕数字主线推动产品智能化技术升级，开展数字样机研发设计，搭建产品全生命周期数字模型和实时数据交互的产品数字孪生系统，开发地下工程装备设计、制造、运维一体化协同研发平台。铁建重工“将产品塞进电脑、将车间搬上电脑、将隧道建在电脑”。“将产品塞进电脑”是指将研发设计数字化产品全三维设计，以及标注、工艺、制造、质量、服务等信息集成到产品模型上，建立面向产品全生命周期的唯一定义依据和以数字为载体的传递管理模式，实现无图纸、无纸质工作指令的三维数字化集成设计。“将车间搬上电脑”包括设计工艺并行协同设计、三维结构化工艺规划与设计、关键工艺工序数值模拟。“将隧道建在电脑”是指实现装备与环境融合，建设地下工程装备数字样机系统多功能模块、涵盖复杂地质环境、地下工程装备全机数字样机、产品全生命周期仿真。以盾构机为例，可在虚拟环境中设置任意极限工况、约束载荷条件下充分模拟盾构机复杂运行过程，分析并预测盾构机的状态行为、执行任务成功率等，为盾构机正式服役前后执行与决策提供可靠依据。

煤炭矿井智能操作与智能设备有机结合。陕煤集团矿井智能化改造围绕“采、掘、机、运、通”等生产环节进行智能化建设。在采掘方面，率先在煤炭行业完成“自主采煤、无人干预”的智能开采，基于三维建模和多源数据融合系统，将钻探、物探、测量等数据进行耦合分析，构建高精度多属性动态地质模型，实现三维虚拟场景配准地质与设备模型，根据透明地质模型“CT”切片、开采工艺、设备工况等数据分析决策出最优的生产信息，规划截割模型并传递至智能精准控制系统，做到采煤机自主控制截割高度、运行方向、速度等的精准执行，实现全工作面设备生产循环的“一键启停”、自主执行和可视化监控等功能。通过52套智能快速掘进系统，实现巷道施工全部工序高效自动化作业，具备人员接近危险区域识别与报警功能。在“机、运、通”等环节实现“智能辅助”，应用特种机器人进行“智能替代”。在“智能辅助”方面，对井下环境实现全面智能集控，建设“智慧能源”管理系统，实时监测矿井各系统在用设备能耗；在“智能替代”方面，采用机器视觉、深度学习、智能诊断、无线传输和远程控制等技术，成功研发全国首套智能快掘机器人系统，并应用井下固定设备巡检机器人、选矸机器人、管路拆卸安装和气体移动监测机器人等智能装备。

生产设备智能控制与客户共创。江苏鹰游纺机通过研发基于信息化架构下的智能化与数字化高端纺织装备设计技术平台，形成了全系列产品的研发管理平台，该平台为设计人员提供多软件环境的信息交互。随着下游客户对产品数字化要求的不断深入，平台开放测试了多种协议接口，方便有特殊需求的客户进行前期验证。江苏鹰游纺机的设备基本实现了模块化设计，由自动化操作替代手动操作，实现设备的智能生产，各生产环节均有独立分控单元，在触摸屏上实现自动运行。客户可根据生产工艺，选择相关程序文件，并指定相关工艺下发生产，远程控制等，极大地提高了客户的生产效率。

四、供应链协同与高效运营

基于数字化的供应商采购过程管理。江南造船是行业首家基于设计单一数据源实施审价管理的企业，针对传统行业多数企业以文档记录、分散、割裂的信息现状，在系统工程数据规模增加和复杂度提升的情况下，通过对审价数据的精细化管理，建立与供应商协同、系统应用统一标准化管理模式，实现采购数据与供应商的交互管理，为业务过程管控、价格趋势分析、大宗物资提前批量锁价、接船成本分析等提供数据支撑。企业通过对审价过程数据标准化管理，实现对整个审批过程的数字化管理，通过标准系统审批流程为审批通过的合同加注电子签章（授权人签字章与合同章增加数字认证）形成防伪、防篡改的电子合同，与供应商进行纯电子合同的数据交互应用管理，便捷、安全、妥善地进行电子化收发，实现了无纸化的合同签约与归档，合同管理效率提升 50%。财务机器人的应用，使进项税管理由原 6 人操作 1440 分钟的工作转为 100% 自动化后 10 分钟完成，效率提升近百倍。

实现供应链的“推”“拉”融合模式。供应链通常分为推式供应链和拉式供应链两种。推式供应链要求企业对顾客需求预测进行生产；拉式供应链是指企业根据订单进行生产。江苏鹰游纺机构建了大规模定制化供应链模式。在“推”模式中，江苏鹰游纺机根据市场需求预测生产订单量，协同供应商大规模生产半成品或通用化模块，获得规模效应。在“拉”模式中，企业根据订单需要将各种模块进行有效组合，将通用化的半成品根据要求进行进一步加工。企业通过延迟制造便于定制化服务，增加了最终产品的功能，更好地满足了顾客的个性化需求，缩短了交货期，提高了快速反应能力，减少了产销不对路带来的存货跌价损失，降低了资金风险。江苏鹰游纺机还通过供应链协同预测机制，加强市场需求预测，不但了解未来市场需求变化，还将信息分享给客户，与其共同勾画未来市场需求发展的轮廓，为个性定制化提供目标和方向。

数字化助力供应链品质追溯。中车唐山公司开发了一套质量信息化管控系统支持供应商、原材料质量、制程质量、成品和客服质量管控全过程，实现了供应商认证、年度评审线上管理，解决了资料易丢失、易被篡改、追溯难的问题；支持到货检验数据线上管理，可输出检验合格率、不良品报告，大幅降低了检验人员工作量，同时提升了原材料质量管理人员工作效率；将关键质量特性数据导入计算机平台，通过巡检机器人及实时感知系统保障了过程质量稳定性和可靠性。

数字化助力供应链绿色管理。京东方与外部企业间通过数据协同使生态链向上、下游延伸，提高数据流畅，减少管理环节，减少出错率，实现产业链数据的融会贯通。通过绿色产品管理系统对供应商材料进行监督和管理，确保绿色产品生产，目前占总量近1/4的1000余家一级供应商、150余家二级供应商已接入平台，打造供应商一站式作战平台，通过数字化强化供应链多方协作，上、下游共同面对复杂多变的市场环境，支持供应商快速响应、精准交付，形成了畅通有效的沟通平台，发展了与供应商的友好合作关系。

五、产业链延伸与平台建设

工业互联网平台。徐工集团为了快速地推进工业互联智能服务平台建设，形成了总部抓总、抓关键、抓共性、抓标准、抓技术，成立了智能服务调度中心；各事业部成立数字孪生产品制作室、产品仿真研究所、智能服务分中心、直销服务和经销服务团队，快速打造基于徐工集团的智能服务管理最佳业务实践。目前已形成了“骨架＋肌肉，神经＋血液”架构，每个数字孪生产品均具有“产品仿真、数字映射、反向控制”三大功能。企业的工业互联网包括：在产品仿真环节，通过行业最领先的高性能仿真中心，实现对近3500种机型产品仿真模型的构建，这是数字孪生产品的源头基础，为数字孪生产品构建关键“骨架和肌肉”的过程。在数字映射环节，针对仿真模型在制造和服务环节的功能对产品装配的各类零部件信息实时采集，形成零部件三维标注对仿真模型的虚拟映射，为数字孪生产品注入“血液”。在服务环节，根据产品传感器传回实时数据采集，实现虚拟产品与实物产品的动态交互，这是数字孪生产品的“神经”，为反向控制奠定基础。在反向控制环节，徐工集团通过将虚拟产品模型算法与实物产品控制器算法集成，实现通过虚拟产品控制实物产品。

徐工集团工业互联网智能服务体系的能力体现在“1314”上，通过 1 个数字孪生产品，凭借其“产品仿真、数字映射、反向控制”3 项关键功能，对内赋能 1 条价值链，对外提供设备状态实时监测、预测性维护、备件服务增值、新型服务模式 4 项增值型服务。在研发环节，通过全球五大协同研发平台搭建了具备百万亿次计算能力的高性能仿真中心，为产品部件、系统、整机仿真奠定了坚实基础，构建了仿真标准规范库、材料库、模型库、指标库、案例库等仿真知识库。在制造环节，通过对 2800 余台装备互联、8 万个数据点实时采集，结合人工智能技术训练焊接、数控等 65 个算法模型，对产品的制造工艺流程及生产线进行大规模仿真，构建数字孪生虚拟产线，对整个工艺方案进行验证，检查各业务流程的可达性和合理性。在服务环节，企业每年投入 1 亿元用于售后设备参数采集与分析，依托工业大数据平台对全球 50 万台联网设备实现覆盖动力、液压、结构、电气等系统的数据采集，为客户提供 32 万台与实物产品对应的虚拟产品，精准反应每一台车所有零部件信息。在营销服务环节，徐工集团充分挖掘数据价值，将设备运行数据统一注入虚拟产品中，通过大数据技术发掘效益增长点，将产品历史服务数据、服务人员数据、机手数据等大数据进行分析挖掘，建立起“设备 + 机手 + 备件 + 服务人员”一体化协同运行模式，形成精准的设备画像、机手画像、服务人员画像数据等模型，提前预警、提前准备（维修方案、服务人员、备件）并快速响应客户服务需求。徐工集团还与生态伙伴进行合作，构建基于物联网技术应用的工程机械金融服务系统，整合用户信贷、还款、逾期、保养投入金额等多方位数据信息，分析用户的经济状况建立数据模型，预测用户经营状况，实现基于工业设备的大数据信用与资产质量评级，对评级高、设备保养好的用户，主动为其提供更优质、更实惠的服务，节约设备运营成本。

农业互联网平台。厦门象屿与阿里云携手建设农业产业互联网平台，通过线上和线下相结合的方式，利用农业互联网平台连通粮食产业链环节，建立粮食种植前段、粮仓中段、粮食流通后段三个大生态，促进业务环节可视化、内部运营管控精细化、数据挖掘分析深度化，解决农户购买农资时伪劣多、金融渠道少、送粮门槛高、销售信息不畅等行业问题。

首先在平台前段，象屿集团聚焦种植端，构建粮食种植产业联盟，连接起经纪人、农资供应商、金融机构、物流商、保险机构、政府等生态方，服务种植户需求，稳定并扩大粮源。在线下建立起我国第一支农业互联网平台地推部队，以象屿集团渠道经理加服务顾问方式按村驻扎，确保一村一顾问，一镇一经理，直连关键种植户，协助农户线上预约售粮并全程跟踪，为农户售粮提供专属绿色通道。在线上推出“兴兴象农”App，为农户提供种植订单、金融、农资、收粮预约、运输等服务，利用App数据向金融机构提供数据服务，与金融机构共创涉农风控金融模型，提额降率惠及农户。

其次在平台中段，为解决粮食行业仓点管理缺乏标准化、方仓服务有限、农户利益受损等痛点问题打造仓点联盟。从粮食收购、烘干到仓储，用数字化手段赋能第三方仓点，实现增益代收、代储、代加工、代金融、代物业务的标准化管理，保护农户权益。通过物联网、云端仓储管理系统、区块链为核心的WaaS，以数字化手段将关键第三方仓点连入平台，形成粮食异地调拨、供应链金融等服务。

最后在平台后段，为解决粮食企业满足粮食季节性供给持续性需求自行建仓但仓储规模小、供应链效率低的痛点问题，以自有粮为杠杆，利用全国范围的公铁水仓多式联运网络，为粮食企业提供行业内高效供应链服务，同时打造供应链金融生态。发挥全国公铁水仓联运的流通规模优势，吸引用粮企业，获取用粮企业需求、计划、仓储、物流四类关键信息，利用前期收集的数据信息，建立供应链网络、计划与运作模型，先对接年度需求优化仓网，而后对接月度需求优化计划，最终按实际日需求优化运作，不断优化第四方物流服务。在国内，象屿集团形成了多方共赢的粮食供应链模式“4+X”，包括“政府＋龙头企业＋合作社＋农民＋X（如银行、保险公司、期货公司、交易所等）”组织模式，以规模经营为依托，在各成员之间及农户之间建立稳定的利益联结机制。在国际上，企业打造国际粮食采销体系，构建全球化粮食收储布局，在美洲、黑海、中亚及俄罗斯等市场设立经营支点。

能源互联网平台。为加快能源管理数字化、智慧化转型，海尔智慧能源定制平台通过与卡奥斯工业互联网平台、海尔智家平台的并联打通，实现了智能化工业园区模式升级。海尔集团聚焦用户端能源需求，自主创新打造智慧能源定制平台，实现能源流、数据流、碳追溯流“三流合一”，通过集中、直观的动态监控和数字化管理改进和优化企业能源平衡度，实现对能源系统管控和调度。该平台实现了全国 15 个工业园区 14 种能源介质在能源转化、输配、消耗等全过程信息化智能控制，加速构建企业绿色生产体系。智慧能源定制平台建设包括 12 个主模块、61 个子模块、563 个应用场景，实现跨区域的多系统、多介质的并联运行，智慧能源定制平台集成水力、电力、蒸汽、压缩空气、天然气、污水、电梯等九大管理系统，同时集中 14 类能源介质数据的曲线分析及限值管控，实现监测手段的多样化，通过对分布在全国不同区域的 55 个智能制造工厂采用视频监控、曲线监测、限值报警的方式进行系统管理，实现企业全过程的能源管控。智慧能源定制平台的系统模块功能可实现超5000用户同时操作，60套子系统可并联运行，开发贴近企业生产需要的236个运营模块，根据安全管理需求设计了3种预测模块、9个应急预警模块、15类预警模块，以及根据节能减排需求设计了6类节能模块、5种技术模块等，可供用户自主选择功能模块。

海尔集团推进智慧能源定制平台向碳资产公共服务平台的迭代升级，碳资产公共服务平台规划建设包括“一体系、一库、三平台、一生态”。“一体系”是指围绕以碳资产管理为核心的节能降碳及碳数据服务体系；“一库”是低碳大数据库；“三平台”是低碳综合服务平台、降碳服务平台和碳数据服务平台；“一生态”是碳资产增值分享生态，实现利益相关方的共创共赢。该平台不是一个简单的信息化系统，而是一个动态开放的平台，构建了一个开放共享的智慧能源管理体系，融合所有利益相关方。海尔集团员工也可以在平台上发掘用能痛点，交互解决方案，驱动能源管理优化，目前吸引了450多家企业使用平台。

煤炭互联网平台。陕煤集团在构建全方位煤炭互联网平台的过程中，针对物资数量多、品种杂、名称不统一的问题，通过推行“一套码”标准化管理，实现了物资采、储、用等全程线上管理平台运营。为有效缩短物资采供周期和采购成本，以“基础数据层—业务支撑层—决策分析层”为架构，打造“统一物资管理、统一物料编码、统一采供网络、统一仓储管理、统一调剂处置”的物资数字化管理模式。为实现“零”库存目标，将信息平台延伸至矿区需求终端，实现物资采供线上下单、线下配送、一键领用，让服务生产一线的“物资超市”实现“随要随领”。此外，将“锁”在矿区“抽屉”里的物资数据纳入商城统一管理，打通了物资“数据孤岛”，实现全过程信息共享共用，促进企业物资共享调配，降低物资储备资金。在销售环节，实现煤炭运销一体化管理，以煤炭公路智慧零售系统为支撑，围绕铁、地、港三大业务线，依托客户、合同、调运、质检、纠纷、结算、账户等九大主要模块进行业务协同和数据共享，构建出煤炭运销业务“一张网”，实现从合同签订到煤款结算全过程线上办理、流程可溯、实时可控、关联可查。形成“终端客户—运输司机—物流公司”煤炭销售“一条链”，推动交易、结算、物流等环节“一键完成”。在智能调度方面，构建煤炭运输环节车货高效匹配、货运派单、排队、提煤、运输过程及交货的全流程、实时跟踪物流服务体系，并通过智能调度指挥中心，实现运力分析、车辆调度的全局统筹管理。在安全方面，把“煤矿安全生产信息共享平台”“物资商城服务平台”“智慧运销管理平台”的关键数据并网汇入“煤炭产供销全过程财务实时管理平台”中实现煤炭业财一体化的数字化实时管控体系，动态掌握安全生产态势、物资消耗与储备情况、销售服务结算业务等全流程的数据，实现产供销实时协同。

第五节

加强数据治理：提升数据赋能与利用能力

根据国际数据管理协会（DAMA）给出的定义：数据治理是对数据资产管理行使权力和控制的活动集合。数据治理涉及与数据管理关联的 10 个要素，是一套综合数据管理体系，包括数据模型和设计、数据存储和运营、数据安全、数据整合和关联、数据内容和管理规范、数据索引和主数据管理、数据仓库和商业智能、元数据和数据目录管理、数据质量管理和数据架构。数据治理的目标在于确保企业数据相关利益者的需求得到保障，确保有效的数据管理决策机制和方向，确保对数据合规进行监督并支持数据使用、助力绩效提升。

一、数据管理标准体系

建立完整的数据标准，整合内外数据来源和服务体系。国家电网在建设能源大数据管理标准体系过程中采取三个步骤。第一步，确定能源数据规范和统一规范，形成数据标准、数据质量、数据共享等大数据制度框架。第二步，建立健全数据标准体系、覆盖基础、数据、技术方法、平台与工具、管理等七大类、23 个方面、39 个方向的能源大数据标准体系，完成能源大数据基础总体架构和技术要求企业标准的编制。第三步，建立企业级统一数据模型，将 5000 个数据实体和 8 万余个属性形成统一、规范的数据接入标准，以标准化主数据、规范化编码、统一性口径开展数据清洗、转换、整合和接入处理。国家电网还利用政企协作机制，汇聚能源公共数据，依托政府授牌共建能源大数据中心，将供能企业采集平台的能源消费数据归集至能源大数据支撑平台。在此基础上，发挥多元合作优势，采集高频能耗数据，利用省地一体的各级能源大数据中心、综合能源公司加装的采集装置获取能耗实时采集数据，促进用户数据黏合，通过数字化应用引导企业主动填报数据，获取节能降碳高效服务，实现数据汇聚与应用的良性循环。国家电网还通过能源数据资源目录，支撑实现能源数据及跨领域数据的纳管，支持线上收集与定期更新，根据国家有关信息披露规定，完成48类277项电力市场信息梳理与发布，构建对外开放数据资源目录，以数据资源统一窗口的方式提供统一的数据资源浏览、查询和申请服务。

建立综合性的大数据服务平台。国网浙江电力复用公司云平台和数据中台等数字化基础设施，打通公司级、省级和配套地市级数据链路，集聚各级能源大数据中心业务资源和优秀成果，实现资源统一展示、服务便捷开放、数据在线分析。省级能源大数据服务平台按照“一省一平台”统一规划设计、建设，支撑“省地一体化”能源大数据运营。能源大数据服务平台主要由数据汇聚层、数据共享层、数据服务层组成。数据汇聚层提供能源数据、政务数据、地理环境数据的接入、存储、计算服务；数据共享层提供数据服务目录、数据资产服务、人工智能服务、公共技术服务等核心组件服务；数据服务层支持产品快速开发和标准化管理，快速响应能源大数据应用服务需求。

确保数据同源并形成完整数据链。中车四方通过五大核心信息系统架构，以最小作业单元为基础、初步实现了数据同源，为产品制造数据的贯通提供源头保证。通过线上项目质量监管和供应商线上数据交互的试点，打通产品研发、制造、运维和供应链全流程的数据链，实现集成信息化平台设计、工艺等关键节点的一体化运作，促进企业向集约化、协同化、精细化管理方式转变。

二、数据工程体系建设

确立数据工程建设的顶层设计、机制及标准。中国航天科技集团公司明确提出集团全员要认识数据不仅是航天装备研制的基础支撑，更是推动集团公司数字化转型的关键要素和长远发展的战略资源。全集团范围要营造“人人讲数据，事事靠数据”的数据文化。在数据管理顶层设计上，集团发布《航天装备研制管理办法》，明确提出新研发的型号应编制试验数据大纲，从研制顶层明确试验数据“采、存、管、用”的范围、要求、职责和流程，将数据工程成果融入型号研制流程，以型号研制带动数据管理工作。在数据分享制度保障方面，为确保数据在集团内部顺畅流转，梳理现有数据交换共享流程及模式，制定了《装备数据交换共享管理办法》打破组织壁垒，明确数据共享五原则、数据权限控制四要素和两个场景的工作流程，最大限度地促进权限控制范围内试验数据的流通与共享，保障数据活起来、用起来。在数据标准化方面，针对装备数据种类繁多及编码不统一的特点，从 3 个维度梳理装备研制全生命周期数据管理的分类方法，构建全局唯一、全链路可追溯编码方案，推进全域数据的规范化管理，支撑内外数据的交换共享，完成 70 余项标准，全集团发布技术术语、共用应用字典、分类与编码、主数据等基础标准，在此基础上，各研究院针对自身装备特点细化分解，形成基础统一、兼顾装备特点的数据治理标准规范体系，确保数据治理体系的标准化、统一化及规范化。在确保数据质量方面，集团引入系统工程、数据管理标准、软件工程的思想与理论，着重把控各研究院数据中心建设过程中的需求分析、建设方案和上线试运行，确保各研究院系统建设不偏离集团顶层框架，推进集团数据工程持续改进，引入 PDCA 管理工具进行数据中心建设、数据标准贯标及历史数据抢救，进行闭环验证与检查，请业务及信息化主管专家现场评估检查。围绕数据中心建设、数据入库、数据应用等多个维度形成了 70 余个检查项。信息化总体单位牵头梳理形成数据中心建设现场评估表，围绕 12 个功能模块、100 余个检查项，梳理形成评估表、赋值表、评估模型、专家打分表、汇总统计表等，通过数据贯标，督促数据治理体系的规范开展，使数据中心质量及功能不断迭代完善。

三、数据资产管理方法

跨部门整合高质量数据体系。中国航天科技集团在数字航天战略引领下，将数据作为核心资产和关键生产要素。针对数据资产涉及多领域、多院所、多地域、数据流转关系复杂、涉密程度高、质量参差不齐等现象，通过数据管理“摸边探底”“摸清装备性能和效能底数”，做好产生、使用、管理、维护等环节的数据管理工作。通过数字盘点现有业务数据资源，打通散落在各部门和系统中的数据，统一数据标准，推动全域数据实时在线，将业务流、资金流和信息流生成的数据流呈现在统一业务平台上，破除组织间的信息墙，实现系统互通、数据互联、全域贯通是企业数字化转型的核心目标。

建设数字资产动态积累系统化机制。陕煤集团针对企业在数据治理和使用方面的诸多问题，如信息割裂、流程不贯通、数据多源、数据资产分散、资源利用有限、供应链协同不足等问题，构建行业内首个数据治理体系。通过统一安全与生产数据标准，发布以数据为管理对象的规范制度与流程保障机制，搭建三级协同的数据中台建设框架，汇集数据模型、融合数据应用，设置数据治理工作目标，提高数据资产的应用价值。具体包括：第一，设计关键业务数据标准，建设数据资产运营保障机制。数据资产目录和数据标准涵盖全领域 16 个业务分类，70余个业务主题，100多个业务对象，映射形成3000多条数据标准，形成行业首个数据标准。第二，建设数据资产运营保障机制，发布数据管理政策、质量管理规范、数据安全与共享管理规范等细则，保障数据的清洁、安全、可用、易用。第三，搭建三级协同数据中台，承载数据资产。通过数据中台整合全业务域数据，实现对数据的“采、存、算、管、用”全生命周期管理，落实数据使用标准统一、资产统一、服务统一、应用统一。第四，细分建设任务，陕西煤业分类设立“3个1”目标，即基于已有数据指标、模型进行开发，新建应用应在1周内完成；针对已治理数据构建新模型和新指标，开发形成新应用的工作应在1旬内完成；对新应用的建设需求，应在1个月内完成。“3个1”目标将工作任务由易到难分类，并为不同任务设置完成时间，极大缩短了各类智能化新应用的开发周期，节约建设成本。

四、数据分析与决策支持

通过智能分析提升研发效率。中国航空工业集团通过数据工程大纲实现全生命周期试验数据采集，基于大数据的智能分析算法，识别和分析产品的物理规律，开展对产品性能参数的趋势分析及性能预测，深入挖掘数据中蕴含的变化规律。通过对飞行遥测数据等跨试验数据分析，构建通用数据产品，支撑后续试验开展及新研改进型号研制。企业将通用数据分析算法与定制个性服务相结合开发数据产品，通过数据计算分析、图表、动画等可视化方式展示试验结果，实现数据在线快速分析挖掘与探索，提升设计效率50%以上。

通过数据平台提供全生命周期多维分析。中电科十四所为解决装备产品结构、设计模型、技术状态等设计资源贯通和共享问题，建设统一产品数据管理平台，利用多视图产品结构数据组织模型和数据集成，对相关模型与数据对象的产生、映射、转换、交换、丰富、关联、发布、传递、使用、更改、废弃等全生命周期状态演变过程进行分析，形成面向装备产品全生命周期的技术状态控制中枢。通过超融合数据湖平台及安全控制平台，支持离线数据分析和系统集成松耦合中间系统。在基础平台上建立双活存储系统、大数据管理分析平台、AI 深度学习计算平台、高性能设计仿真计算资源共享平台等。

构建数据分析中的双元能力。该能力既包括全过程可视化管控，又包括个性化定制分析。中电科二十九所为提升管理的科学性，从系统层级、产品层级、时间层级出发，基于产线实时数据，从管理的多维度和多用户视角，对多源异构数据进行清洗、整合和分析，构建三维穿透式可视化体系。其中，系统层级以生产集成组织为主线，分为工厂、部门、班组、产线、工位五层；产品层级以产品层级关系为主线，分为项目、批次、台套、工序四层；时间层级以管理的时间颗粒度为依据，分为年、季度、月、周、天五层。可视化管控实时为管理提供物料齐套、任务分析、生产实时进展、任务变更、物流配送、工序作业安排、资源使用、现场异常等全方位信息，支撑管理人员系统性掌握现场情况，快速、准确地做出科学决策。为提升管理的灵活性，构建基于个性化定制的数据分析系统，管理人员可根据自己的需求对数据进行处理，以更好地判断和减少非理性条件下的人工决策。三维穿透式可视化体系的建立，实现“资源精细计划，路径迭代优化，过程实时反馈，工序精准执行”的全过程可视化管控。

五、全景可视，态势感知

国网信息通信产业集团有限公司（以下简称国网信产集团）构建了由人工智能平台和数字孪生平台组成的“智慧中枢”，提供具有前瞻性的态势判断和运行决策，实现电网全景全息可视、态势实时感知、故障智能诊断、趋势分析预测、辅助智慧决策，保证电网资源优化配置与高效运行。通过数字孪生平台进行电网空间实景沉浸式孪生重建与映射协作、电网精准辅助决策、电力设备故障预测与健康管理技术研究等。

从被动应对到主动服务。中国移动根据数智化应用图谱，结合技术成熟度、部署成本、应用潜力、全网推广价值等因素综合评估，构建了基于工序管理的AI质检、融合音视频的飞行检查、数字员工等多项场景数智化应用，在风险控制方面，企业着眼大风控，识别制度、流程、规则、数据等风险管控点，并固化到系统，实现内控、风控、合规、审计等管控要素一体化管理，变“被动防范”为“主动防范”，风险管控由事后逐步转变为事前、事中控制，利用系统规则取代人工，并在目前微观层面管控基础上逐步向宏观层面管控转变。

综合集成管理数据驾驶舱。江苏中天科技构建面向制造全流程管控的企业级驾驶舱，基于30余张智能报表，对18道工序、89个关键运营指标及相应业务进行实时、全面监测。围绕光棒生产过程的物料流和信息流，聚焦流程薄弱环节和精益化管控，以跨领域、全过程视角，综合精益制造、智能制造需求，运用数据挖掘、新知识发现等技术，将生产制造全过程数据按不同归口、级次和维度进行整合，通过历史数据同比、环比，运用大数据技术手段，以及聚类、回归等分析方法加工后呈现给各层级管理人员，为管理层在生产、工艺、设备、质量、安全、财务、仓库管理等方面的决策提供强有力的信息支持。

四级经营管理数据驾驶舱。基于用户角色和业务内容的不同角度，中国中车搭建了公司级、部门级、产线级、工序级经营管理数据驾驶舱，分别服务于高层领导、部门级技术管理人员与产线级技术管理人员，实现公司指标传递，经营数据可视、可控、可分析。结合数字化运营管理模型，实现三层管理驾驶舱的协同，实现多维度、多视角的企业运营管控。通过公司级驾驶舱，高管能够通过各种仪表盘和统计分析报表及时看到各类指标的完成情况和过程分析，直观地监测公司经营管理情况；通过各种数据分析模型来模拟决策结果，直观地对经营管理问题进行挖掘追溯和模拟预测；通过指标完成情况和业务预测预警，将指标实际值与设定目标值进行对比，找出差距原因，便捷有效地分析经营管理问题，控制经营风险，确保企业经营目标达成。在部门级驾驶舱，管理者实现了将生产管理触手向底层延伸，通过可视化界面对各工序当前产品实时生产状态、设备运行状态、当班人员信息、该工序所在区域环境信息、互通信息等进行实时展示，实时监控和综合管理。管理层与现场层的信息畅通，互为犄角、相互支撑，通过"底层数据直通上层、上层指令直达下层"，生产运营数字化管理能效进一步激活。企业运用关联、动态分析，建立复杂预警模型，实现异动因素精准定位、自动预警。信息畅通了，上下级才能心往一处想，劲往一处使。在产线级驾驶舱，中国中车围绕生产品质、效率和效益的提升，建立可测量、可跟踪、可评价的生产运营指标体系，将指标体系映射到"生产指挥数据驾驶舱"，通过搭建指标数据模型，提升指标数据采集、分析、控制能力，引导决策层、管理层、作业层及全员持续关注和解决现场问题，提升安全、质量、交期、成本等绩效。工序级驾驶舱包含了单台设备维修、产量及质量履历，可查询任意时段原料消耗、电耗等信息。便捷的现场信息化措施，更加有利于一线操作人员、维修人员把控单台设备实时情况，让以往数据库中的隐性数据、信息通过工序驾驶舱实时展示给一线生产人员，提升了现场人员对制造过程的参与感和掌控感，员工运用驾驶舱实现产品多业务数据的集中管理，建立产品数据画像，为各单位提供产品全生命数据共享服务。四级驾驶舱的全要素数字化系统建设，实现了业务管理向数据管理转变、事后协调向事先控制转变、分散管理向集中管理转变、问题潜伏向公开透明转变。

六、数据赋能多维度决策

数据支持产业链监测。国网浙江电力在绍兴嵊州等地试点开展产业链监测分析，为地方政府产业链生产断链风险预警提供支撑。依托低压侧智慧电表，监控企业综合能耗，以实时电量数据为切口率先实现产业链实时预警功能，融合政府部门企业报税、用地、用工等外源数据创新“电量—产能”折算体系。助力地方政府构建产业链预警机制，对关键指标分类分级预警企业产能异常，助力政府精准施策促进企业动态管控产能，为企业提供次优化用能策略，节约能耗。

数据支持政府社会管理。国网浙江电力创建在“这”电力指数，通过比对居民用户、工商业企业日用电量与基准电量之间的浮动比例，实时监测居民和企业外来务工人员离开所在城市情况和工商业经营情况，提升政企联防力度，精准服务社会治理。

数据助力中小微企业。南京供电公司基于用电数据为政府提供中小微企业景气分析，围绕电量增长、用电结构、业扩增长三方面构建中小微企业景气模型，对中小微企业及专精特新企业开展景气度分析，梳理重点监测场景，动态预警重点中小微企业产能异常情况，辅助政府识别经营困难企业，开展政电银协同服务，实施“一对一”针对性纾困解难，助力企业恢复产能。

数据赋能绿色金融。在绿色金融评价指标体系上，融合用电数据和企业税收等经营数据，构建行业能耗强度评价、企业能耗强度评价、企业能耗趋势性评价等七大类 25 个指标，对行业和企业的绿色能效情况进行综合判定。在绿色能源评级上将企业分为五大等级，为金融机构授信审批和金融政策差异化扶持提供参考。借助“e金服”平台、浙江省企业信用信息服务平台等帮助企业获取绿色低息贷款。

数据助力乡村振兴。国网浙江电力通过指数化评价反映社会发展情况，设计乡村幸福用电、乡村绿色用能、乡村产业发展3个分指数，以及供电可靠性、光伏户均容量等14项指标，以电力数据反映乡村经济社会发展情况。通过数据指标进行“一村四图”展示，即每村展示幸福用电总指数、绿色用能指数、产业发展指数、电力先行指数，范围覆盖全省3万余个行政村，清晰体现乡村发展差异化水平。同时，深挖清洁能源发电、产业用电、户均用电容量等乡村发展薄弱点，制订一村一案提升计划，助力乡村补短板、强产业、惠民生。

数据助力独居老人关爱服务。国网浙江电力与民政、社区等合作，推出电力关爱应用，实现对危及老人人身安全状况的预判及预警。利用高频用电数据，实时监测用电数据情况，以15分钟为一个频段，回传至电力云端数据库。通过数据组合模型，监测分析关爱对象的用电情况，根据异常波动程度构建红色、黄色、绿色三色预警功能，用以研判独居老人家中用电是否存在异常情况。根据识别结果出现红色、黄色预警时，将异常信息用短信快速输出至社区及志愿者，供工作人员及时上门提供贴心关爱服务，为独居老人提供实时安全服务和保障。

七、数据共享助力跨组织协同

通过信息共享加速产品迭代研发。一飞院基于航空工业金航网，依托自研的新一代微服务架构基础平台，通过数据治理、云原生、微服务等新型信息化技术，构建面向运-20系列飞机跨厂所、跨地域的广域研发环境，实现多租户、多型号、个性化应用需求敏捷落地。通过数字样机的开发共享和基于金航网支持跨组织协同、通过数字资源的管理与知识共享，研发效率大幅度提升。参与系列飞机研制人员相比运-20飞机减少近70%的情况下，新一代空中加油机仅用了2年即首飞、5年即交付，相比运-20飞机首飞及交付的时间均缩短近40%。

打造在线跨组织体系实现高效协同。中国航天科技集团下属全国各地共计8个研究院、70多个厂所。针对各级单位异地分布的特点，集团从顶层确定构建集中统一的数据中心整体架构，经反复研讨，专家组会同业务和信息化部门提出“统一规划、统一架构、统一标准、统一界面”的建设原则，形成一盘棋建设方案。同时，建立集团和下属各研究院数据中心“逻辑一体、互联互通、数据共享、协同应用”的一体化业务运行机制。论证并提出集团“2+N”的数据中心总体架构，其中“2”为集团顶层系统，即数据综合管控系统和交换共享平台；“N”为各研究院数据中心。针对顶层系统，统一开发集团交换共享平台，打通与各研究院数据中心的接口。

产品供应链全程数据管控追溯。上海宇航所针对航天工程技术专业难度大、全生命周期链条长、质量管控要求严苛，形成了丰富的质量溯源数据，建立型号试验数字化管理系统数字化平台，通过该平台将单一发次任务跟踪到产品制造质量数据，以及单机与分系统、产品的试验测试数据等全生命周期数据，打通同一型号不同发次历次任务间的数据链路，最终实现型号全生命周期数据的有序汇集，从而为各参研方技术状态管控及型号数据价值挖掘奠定基础。通过对产品制造、试验数据的快速提取、分析，完成关键单机产品、零部件已制品的正向确认工作，提高数据收集效率、保证数据的准确性与可追溯性，在现场开展工作时任何不确定要素随时查阅，所有疑点一扫而空。

第六节

关键绩效指标改善

经过数字化转型，大企业（特别是制造企业）的关键绩效指标发生大的改变，在内部绩效和外部绩效指标上均有显著改善和提高。

一、建设数字企业，支持综合效率提升

整体价值链的数字化。京东方在行业内率先构建起领先的数字企业样板，实现数据贯穿产品全生命周期，从局部效果向整体价值链提升转变，建立面向产品全生命周期的数据资产管理，提升企业技术、制造、服务和运营管控的管理水平，通过数据赋能、流程优化和创新应用场景打造等工作的开展，打造了一系列可复制、可输出的数字解决方案。

成本降低。长安汽车联合上百家生态伙伴，通过标准化手段，将零部件模块化，实现了多平台通用，降低了零部件的开发成本和采购成本。通过软件标准库建设，软件复用率提升 31%；通过参加外部标准制定，针对性地提出意见，避免了大量的法规整改。2017—2021 年，其标准化创效超过 500 亿元。

综合效率提升。中国中车通过建设数字企业，建造了80条数字化生产线，465个数字化工位，关键重要工序数字化率达80%以上，组织结构发生改变，公司管理层级大幅压缩，管理链条简洁高效，管理效率大幅提升。产品研发效率提高30%，研发周期缩短32.8%，工程变更减少10%，产品可靠性提升10%，订单产品模块化利用率提升至60%。

产品质量的提升。沪东造船厂生产线仿真实时数据采集贯穿了待加工件的来料、加工到成品全过程，进行全过程的质量管控；对不良产品进行及时有效的分析，缩短了不良产品的分析周期；对设备的运行状态实时监控，实现预测性维护和故障诊断，提升了设备的利用效率，从而确保生产的连续性和产品质量的稳定性，质量检验一次合格率提高到95.6%。

二、推动制造业服务化，提升个性化服务水平

拓展智能服务体系。徐工集团基于其全球数字化备件服务信息系统平台，构建智能服务体系，智能服务内容包括：实时监测产品运行状态；提供预测性维护服务管理；基于数字孪生产品的延伸，结合数字媒体、AR等技术，将企业内部智能制造效益向用户传递。根据工业互联网平台上提供的32万台数字孪生产品在全球分布、施工工况、设备失效速度等数据进行分析，生成服务网点、服务人员、备件库等服务资源的配置方案。

个性化客户服务。江苏鹰游纺机根据客户个性化需求，开发适合多种工艺路线的设备生产线，客户可根据相应的工艺进行组合，联机设备可以存储工艺，方便客户进行智能化管理，个性化订制专业服务稳步提升企业经济实力，使企业营业收入稳步提升，扩大经济总量。

三、优化决策质量，实现数据驱动发展

效率提升。中国航天科技集团通过实践检验形成了完整、可复制、可推广的管理方法和流程，初步形成了企业级数据综合治理体系，建立了以数据为基石支撑企业数字化转型的管理范式。在集团内营造了用数据说话、用数据管理、用数据决策、用数据创新的工作氛围，实现数据在线快速分析与挖掘，设计效率提升 50% 以上；实现平台系统精度测试数据统一集中管理和系统精度变化趋势模型，对设备预判和故障处理、设备寿命精度预测准确率提高 80%；传统人工对飞行试验数据的判读一次至少 2 ～ 3 小时，采用自动数据判读功能后，仅需 5 分钟，准确率达到 100%，效率提升近 30 倍。

智能化故障监控。山东魏桥集团综合运用云端设备信息对比，自动生成维保计划，对各项指标实时监测。根据在保养周期内质量变化及设备运转等数据，建立预测模型。利用数理统计推荐原理，以部分推测整体找到保养临界值的设备；在智能化在线故障监控构架基础上，引入人工智能干预环节的设计，使人、设备、软件系统融为一体；实现全流程智能管控一体化，提高设备生产效率，减少用工。

四、打造智慧企业，实现全过程数字化管理

智能平台与服务。宝武集团鄂城钢铁有限公司围绕“价值创造、风险监控、能力建设”的“三条主线”，以及“管理中枢、界面匹配、装备智能”的“三个层面”战略布局，按照“制造环节操作一律集控、现场操作一律机器人、运维一律远程、服务一律上线”的“四个一律”原则，实现横向产业链和供应链协同的极致集成及纵向专业化和产业化的极致整合，打造“自动化 + 信息化 + 数字化”的智慧钢企服务平台，建立“五级四维”对标绩效系统（即公司级、厂

部级、车间级、班组级、岗位级五级，行业先进、历史最优、对标企业、预算目标四维）。实现了横向到边、纵向到底的对标管理全覆盖。将低成本制造、工艺流程优化、产品结构调整、节能降耗等关键核心指标层层分解到岗、到人，设定基准值、目标值、挑战值三档绩效目标强化绩效责任、严格绩效考核。

五、突破“卡脖子”技术，加速产品创新

突破国外封锁，加速“卡脖子”技术突破和产品创新。江苏中天科技打破国外封锁，实现光棒制造技术自主化，自主设计 150 多套设备图纸，掌握 70 多种光棒设备制造核心技术，形成完整的“棒—纤—缆”一体化产业链，是行业中唯一与中国移动、中国电信、中国铁塔三大运营商开展 5G 合作的企业，国内市场占有率达 24.7%，位列全球第二、全国第一。

数字化能力外溢。运 -20 飞机成果基于新一代信息技术形成的数字样机管理体系、标准规范及设计工具等技术和方法的通用性，经过多年完善和细化已逐步与国际接轨，可以推广至船舶、航天、汽车等多个行业。数字样机体系中的标准规范、平台环境、技术手段、工具方法等作为行业核心知识得以传承，培养一批专家级人才。

知识积累与传承。中国航发商发为加快型号经验的沉淀，将关键技术攻关、项目质量问题整改措施、项目研制总结等经验快速沉淀进入产品研发体系，自主开发了研发体系要素管理平台，并完成最佳实践、经验教训、集团工程防错案例等功能模块开发，与体系要素全面对接，驱动体系要素更新完善；完善工作指导书编制和发布机制，加入技术审查环节，将项目质量、适航、关键技术攻关、基础预研等利益相关方纳入技术审查体系，确保相关经验落入体系文件。

六、产业链效率提升，支持规模化发展

赋能中小企业。京东方在全国和全球形成一条清晰、稳定且体量庞大的产业链，依托京东方工业互联网平台赋能、供应链安全等关键目标，京东方基于自身经验凝聚一整套核心智能制造系统平台，打破泛半导体行业工业软件由国外垄断的局面，工业互联网平台支撑产业链协同管理，预期可实现企业发货能力提高 16%，库存量减少 25%，订单履约周期缩短 30%，产业链成本降低 25%。在对外赋能方面，京东方工业互联网平台重点解决中小微企业的转型痛点，为中小微企业提供标准化、平台化的 SaaS 服务，客户只需支付单独采购整套产品价格的 1/10，即可享受同等的服务和收益。

七、推进工业互联网建设，实现低碳绿色发展

“双碳”管理。中国广核集团有限公司（以下简称中广核）在以能源节约与生态环境保护统计报表为依据系统的基础上，补充了“双碳”相关功能，实现了对涉碳数据的采集、计算、分析、展示等功能，基于现有数据基础，系统可实现自动测算二氧化碳直接排放量与间接排放量数据，完成企业间、行业间碳数据对比等统计分析功能。

对能耗总量策略与管理。国网浙江电力建设的“双碳”数智驾驶舱。以“能耗总量”“能耗强度”“碳排总量”“碳排强度”四大关键指标为抓手，将治碳、减碳、普惠管理闭环线上化呈现在数字驾驶舱中，动态跟踪全省、分区域、分领域指标情况，集中展示经济发展、能源安全、碳排放、居民生活 4 个维度平衡指数和市县低碳高质量发展指数，以及能源、工业、建筑等领域关键指标、工作成效，在全国具有示范推广效应。

第七节

对企业数字化转型的管理及政策建议

第一，数字化转型作为复杂的系统工程，需要高效管理协作，需求驱动、业务主导、统一原则、组织执行是确保项目成功的关键因素。

针对管理变革和组织转型实践，数字化转型需要在战略、组织、人才、业务、数据、技术、绩效等方面相互配合，通过横向整合、纵向贯通和跨机构协同，并充分利用数据共享和价值创造机制，实现业务体系的降本增效提质和转型拓展增长。

第二，数字化转型的核心目标是数字化技术与业务体系的深度融合和创新应用，应在工业仿真及软件、智能制造、智能装备和工业物联网等硬核领域持续努力，重点突破。

对工业制造企业来说，核心业务领域的数字化应用是重中之重，应从工业视角，而不仅仅是互联网视角理解数字化转型的整体架构和切入点，增强关键工业研发生产运维环节自动化、数字化和智能化水平，提高精益生产和产品品质，扩展供应链协同的范围和整体效率。

第三，应加强数据资产工程化、体系化和系统化建设，提高数据质量和应用能力。

数字化转型的核心是通过资产数字化打造数字孪生，形成与实体运行虚实共生的交互体系，增强实体经济的运行能力。数据资产的积累与管理是一项复杂、系统、专业性强的工作，需要一大批高素质人才和行之有效的方法论。企业应进一步增强在数据治理、数据管理、数据增值和数据赋能决策与业务上的能力及智能化潜力，充分发挥数据作为生产要素的关键作用。

第四，充分利用数据资源特性加速产品创新研发、突破“卡脖子”技术的重要举措，应在确保数据安全的同时，鼓励供应链合作伙伴建立知识共享机制。

在激烈的国际科技竞争环境中，我国企业需要寻找弯道超车、快速迭代、有效突破的方法论和路径，充分利用数据资源的特性支持科技和产品创新。现有案例企业通过研发仿真及反馈、共享数字样机、全程数据追溯、产品测试数据逆向赋能研发等方法，将数据价值最大化、对数据质量严格管理、强化数据标准化体系建设，加速了产品更新换代和质量控制，取得了良好的成效。

第五，鼓励领先企业围绕供应链构建数字化协同能力，在工业物联网、产业互联网建设中发挥主导作用，在自我赋能基础上支持能力外溢以赋能关联企业，加速数字经济发展进程。

工业物联网、产业互联网与数字化转型的核心区别在于，数字化转型是手段和过程，其核心目标是通过数字技术连接企业内部、供应链上下游伙伴、企业客户和个人客户，并与它们共享信息。领先企业在数字化转型中具有人才、能力和资源等综合优势，应鼓励上述企业将数字化平台能力或微服务能力开放共享给供应链伙伴和中小企业，加速扩大工业和产业层面供应链协同和数字化生态范围，通过商业模式创新或创业机制，鼓励科技能力的外溢与扩散，加速中国数字经济的整体进程。

第六，数字化转型是一项长期战略举措和管理变革，政府在激励机制上应将其等同于创新研发，在领导绩效考核和税负减免上给予更大支持。

作为一项复杂系统工程，多数大型案例企业数字化转型过程历经“十年磨一剑”的艰难历程且需要持续投入，同时数字化转型的投入产出具有“延迟回报”的特征，过程中还有技术、业务不确定性等风险。因此，上级考核机构应将其作为一项战略举措，给予数字化转型领导者更多的时间和空间，促使其从长期战略能力建设进行布局和推进，并在短期收益和长期收益之间把握平衡。

第七，智能化是数字化转型的高级阶段，企业应借助人工智能技术快速整合高质量数据资产，提升智能化水平。

企业数字化转型要经历标准化筑基、信息化建设、数字化转型、平台化运营和智能化发展 5 个阶段，智能化发展具有知识自动化、虚实交互融合的新兴工业形态、要素联通的社会工程系统和动态敏捷的实时管控体系等特征，支持“硬件可插拔、场景可编程、生态可随需、系统自进化”等能力建设，这既是大数据、云计算、物联网、移动互联网和人工智能技术与业务深度融合后的集成应用的综合体现，也是数字化转型持续追求的目标。

第五章

企业践行新型举国体制专题报告

我国企业面临的“卡脖子”技术问题历史上一直存在，在大国关系相对缓和与全球贸易正常的情况下，这一问题显得不那么“突出”。从2018年开始，自美国挑起贸易战以来，美国对中国的科技打压愈演愈烈：技术来源被封锁、科技人员限制流动、科技合作被迫中断、科技供应链遭到截断、国际市场收缩或转移、产业链深度重构，这使得我国企业突破关键核心技术的国际开放环境被大大压缩，传统的技术研发和创新模式难以为继。为此，中共中央提出“实现科技自立自强”和“推动新型举国体制”。近年来，一批龙头企业积极响应中央号召，践行新型举国体制突破关键核心技术瓶颈，取得了较好效果。

本报告基于过去若干年公开出版的企业管理现代化创新成果审定工作中的企业科技创新管理、协同创新和新型举国体制突破关键核心技术的获奖成果（主要集中在第25届到第30届），通过总结提炼和实地调研的方法，梳理企业践行新型举国体制突破关键核心技术的做法与成功经验。具体案例对象包括：中国重燃、中国航发、国家电网、中国石油、中国石化、中国海油、中复神鹰、国橡中心（青岛赛轮、软控股份)、河北钢铁、无锡一棉、航天材料及工艺研究所、南京玻纤院、中电科二十九所、四十一所、三十八所、中国兵器工业集团202所等近20家企业，其中既有国央企，也有民企。本报告分为6个部分，从六个维度展示企业践行新型举国体制的创新实践，分别是企业践行新型举国体制的背景、企业践行新型举国体制的动机、企业践行新型举国体制的组织方式、企业践行新型举国体制突破关键核心技术的正向实现路径、企业践行新型举国体制的能力要求以及企业践行新型举国体制的启示与建议。本报告对于我国突破“卡脖子”技术、勇闯“无人区”技术的宏观政策制定，以及企业层面的落地实施等，具有重要的参考和借鉴价值。

第一节

企业践行新型举国体制的背景

新型举国体制的“新型”有其特定内涵和边界，并非所有情况都适宜采用，此外关键核心技术也有其特定内涵。本部分介绍新型举国体制提出的背景，阐述新型举国体制和关键核心技术的内涵，比较新型举国体制与传统举国体制在七个方面的差异，探讨纯计划机制、纯市场机制和新型举国体制的区别，回顾我国利用举国体制推动科技创新的历史演进中的三个阶段。

一、新型举国体制提出的背景及其内涵

（一）新型举国体制提出的背景

举国体制是中华人民共和国在成立之初面对内外交困和封锁局面时，采取的一种具有中国特色的资源调动方式和有效组织模式，中华人民共和国成立后的 70 多年里一直贯穿于国防、经济、科技和社会发展当中。举国体制以国家意志为主导，根据国家战略目标，克服资源匮乏、资金短缺、基础薄弱等不利条件，建立短期内能够充分调动一切资源的统一体制，组织全国范围内最优秀的人才进行集团性攻关，通过快速动员、精准组织、统筹实施，最大程度地完成

国家战略目标。例如，中华人民共和国成立初期的“156项工程”为中国工业体系发展奠定了扎实基础，“两弹一星”为国家安全保障构筑了战略基石，“三峡工程”“高速铁路”“嫦娥四号”“北斗组网”等一批重大项目改写了中国科技落后追赶的局面。

新型举国体制这一概念的提出最早是在党的十九届五中全会通过的《关于坚持和完善中国特色社会主义制度、推进国家治理体系和治理能力现代化若干重大问题的决定》（以下简称《决定》）中，《决定》指出：“弘扬科学精神和工匠精神，加快建设创新型国家，强化国家战略科技力量，健全国家实验室体系，构建社会主义市场经济条件下关键核心技术攻关新型举国体制。”2021年3月11日十三届全国人大四次会议表决通过的《中华人民共和国国民经济和社会发展第十四个五年规划和2035年远景目标纲要》，也明确提出新型举国体制。新型举国体制是在中国特色社会主义市场经济条件下对原有举国体制的创新发展，将政府、市场、社会三方有机结合，集中力量、优化机制、协同攻关，是我国加快突破技术封锁，实现高水平科技自立自强的一条必由之路。

（二）新型举国体制的内涵

新型举国体制中的“举国”，是指党领导下的国家科技动员，但举国不仅是举政府和国家财政之力，还包括举市场多元主体、社会各界之力，实现协同发力。

在科技创新和突破关键核心技术领域，新型举国体制有狭义和广义之分：狭义的新型举国体制是指由国家战略意志推动，政府出题、市场和社会答题的体制，比如有政府授权的国家科技重大专项等；广义的新型举国体制除了包括狭义的新型举国体制之外，还包括了由企业自发推动、整合全行业创新力量和全产业链资源突破关键核心技术的一种体制。因此，只要是能调动汇聚全国行业资源，都可以归为新型举国体制的范畴。新型举国体制不见得完全是政府意志，有时可能是市场行为、企业意志。本报告中的“新型举国体制”是指广义的新型举国体制。

新型举国体制是国家统筹能力和市场微观活力的高度统一，即“有为政府”“有效市场”“有料院所”的充分结合：所谓“有为政府”，是指由政府把控战略目标进行战略谋划和决策部署，明确关键核心技术突破口，发挥政府的独特作用引领协调创新资源，承担市场不愿承担的风险，解决市场不灵的关键瓶颈和堵点问题。所谓“有效市场”，是指企业真正成为创新联合体的引领者、构建者和实施者，高效整合配置创新主体、创新资源和产业链资源，实现跨部门、跨领域的创新活动协同，推动重大科技攻关项目或工程顺利开展。所谓“有料院所”，是指既有科研领先性又具有工程化思维的大学和科研院所，它们在牵头企业的带领和约束下按照工程化和产业化的大方向收敛科研成果，而不只是纸上谈兵、天马行空。

纵览人类历史，共有三种通过配置资源推动科技和经济发展的模式（见图 5-1）。第一种模式是纯市场机制，即亚当·斯密和李嘉图提倡的“经济自由主义”，强调通过自由市场这只“无形的手”去配置资源，反对人为干涉经济的政策体系，可以理解为“小政府 + 大市场”；第二种模式是纯计划机制，即通过政府行政指令对资源、生产和消费进行统一计划和调度，也就是“强政府 + 弱市场”；第三种模式是“计划 + 市场”机制，即政府和市场、社会同时发挥作用，在不同时期、针对不同问题，政府和市场在其中发挥不同的作用。

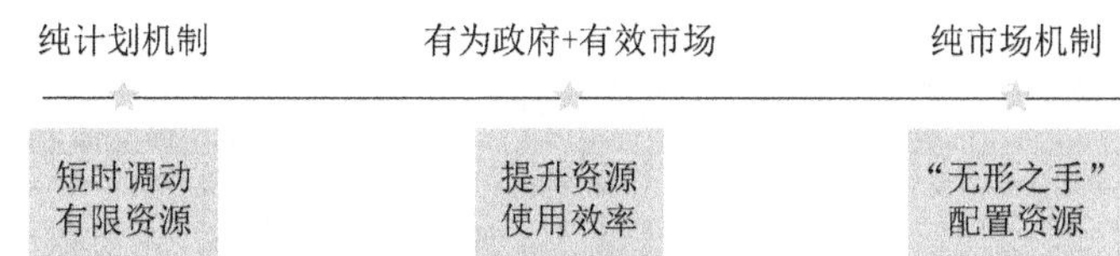

图 5-1 三种配置资源和解决问题的方式

二、新型举国体制与传统举国体制的区别

新型举国体制中的“新型”是相对于传统举国体制而言的，区别主要体现在参与主体、责任主体、运行机制、解决问题、适用条件、目标动机和激励机制七个方面，具体如表 5-1 所示。

表 5-1 新型举国体制与传统举国体制的区别

区别	传统举国体制	新型举国体制
参与主体	政府主导，市场和社会主体参与相对较少，且主要以“国有”性质企业为主	政府、市场和社会共同参与，各有分工，以企业为主体，包括大中小型企业和民营企业
责任主体	政府通常是负责人	企业签订军令状，具体到个人（企业董事长）或团队
运行机制	行政指令，计划机制	政府出题，市场答题；政府有为，市场有效
解决问题	国防问题为主	国防问题、经济问题、社会问题、健康问题
适用条件	不用大规模市场化的技术攻关和产品研制，不用考虑产业化、市场竞争和产品性价比等问题	不仅考虑前端技术突破，还要考虑全产业链
目标动机	短时间内如何快速动员和调动有限资源完成国家战略任务	资源富裕条件下如何提高资源利用效率，集中力量攻克关键核心技术

续表

区别	传统举国体制	新型举国体制
激励机制	以精神激励和使命、荣誉感为主	使命、荣誉感外，主要依靠市场机制解决各方利益分配和激发主体活力

资料来源：作者根据调研情况整理（2023）。

（一）参与主体不同

传统举国体制由国家主导，政府组织实施，所有的目标设定、任务分配、资源配置、进度安排都由政府统一规划和调度，同时要求相关参与主体必须具备“国有”性质，包括国有科研院所和国有背景企业，构成相对单一。

实施新型举国体制的重大项目或工程凭借某一部门或单一企业难以完成，需要跨部门、跨行业、跨企业深度协同进行联合攻关。新型举国体制是一种“政府计划 + 企业市场化”的组织模式和制度创新，虽然由国家出题，但由企业主导，通过市场化机制牵引产业链上下游大中小企业、新型研发机构、高校科研院所、金融机构和各类服务机构，围绕前沿科技与经济发展迫切需要解决的重大技术热点和难点，推进产学研深度融合，突破关键核心技术。因此，新型举国体制下的参与主体众多，除政府外，其他重要参与主体中既有国有企业，也有民营企业，既有大型龙头企业、“链主”企业，也有中小企业，多元化创新主体之间形成多部门、多层级、多方位协同的创新生态。当然，参与新型举国体制任务的各创新主体都是各自领域或行业的优质资源，它们依托重大项目或工程在一起联合攻关（见表 5-2）。

新型举国体制的创新参与主体有各自的角色分工。政府从国家战略导向出发，在引导和组织科技创新发展方向上做好顶层设计；牵头企业负责具体实施，通过组建创新联合体等方式，建立涵盖产业链上下游相关方的开放式产学研合作生态圈；高校、科研院所根据任务规定的方向和目标进行基础研究和技术攻关，加强与企业交流合作，实现产学研深度融合与工程化落地；金融机构重点是将科技金融的服务属性贯穿于关键核心技术突破的创新全链条；中介服务机构则致力于打通从科研到产业化的全渠道，提高科技成果转化效率。

表 5-2　新型举国体制的多元参与主体

主体	角色与功能
政府	出题人，顶层设计、组织协调、监督考核
企业	答题人，任务牵头人，以工程化和产业化为目标的应用研究、技术架构、产业链资源协同、创新生态打造者
高校、科研院所	以工程化为目标的基础研究和原理突破
新型研发机构	以问题为导向的应用研究和成果转化
中介服务机构	提供从基础研究到应用研究再到产业化的精准科技服务
金融机构	科技成果转化的资本支持

资料来源：作者根据调研情况和相关资料整理（2023）。

（二）责任主体不同

特别要强调，传统举国体制的科技攻关活动由政府召集资源，但最终难以落实到具体个人或某个团队身上，因此最后实际上由谁来负责并不明确。新型举国体制虽然也主要由政府出题定方向，但在具体实施时必须明确责任人，落实到主导企业的某个人或某个团队身上，其他相关参与主体承担各自的责任。

这样的责任落地机制才能让新型举国体制推动关键核心技术突破落到实处，既能体现政府战略意图并进行顶层设计，又能找到最终的责任主体，责任真正能够压实、落实。

在新型举国体制中担任主导和牵头角色的企业类型各不相同，在产业链上处在不同位置（见表 5-3）。

表 5-3　新型举国体制下主导企业在产业链中的位置

主体	角色与功能
生产商	由产业链中的生产商（制造商）担任主导企业，如中国航发（发动机研制）、青岛赛轮（轮胎）、中国中车（高铁）
供应商	由产业链中的供应商担任主导企业，牵引协同上下游创新主体推动关键核心技术突破，如南京玻纤院
用户	由产业链中的用户统领上下游创新主体，推动关键核心技术突破，如国家电网

资料来源：作者根据调研情况整理（2023）。

（三）运行机制不同

不论是传统举国体制，还是新型举国体制，其本质都是政府主导的有组织的创新，但两者在运行机制上有较大区别。

传统举国体制是以政府行政指令为主的纯计划安排，政府出题，政府组织力量答题。在传统举国体制下，通过行政指令式、批示型管理，可以将全国资源迅速集中到某一产品的研制上。这种方式虽然在特定时期发挥了重要作用，但总体来看相对封闭、效率偏低，投入产出的经济性较差，不符合当前开放创新和全球化竞争的发展趋势。比如，即便在传统国防领域现在也开始引入竞争机制，依靠传统举国体制方式研制的军工产品很难有市场竞争力。

新型举国体制则是由国家牵头、动员市场和社会力量，实现特定战略目标的合作行动体制，既包含宏观规划体制（如决策生成机制，跨领域、跨行业、跨上下游的统筹机制），也包含微观落地机制（如任务攻关机制）。在新型举国体制下，政府出题、市场答题，政府有为、市场有效，政府把握战略方向、市场负责整合资源和执行落地。实现关键核心技术攻关的新型举国体制，重点是依靠“政府+市场”的合力建立一种突破核心技术的科技创新体系与产业化机制，而不是简单依靠政府力量去解决某个技术短板、工艺瓶颈或材料限制。推动科技创新和产业化的相互促进、实现创新链与产业链的互动升级，才是新型举国体制的终极目标。所以，新型举国体制是“以点带链、由链成面”。此外，与传统举国体制不同的是，新型举国体制不是关起门来自己搞，而是用一种开放的姿态，利用政府、市场和社会的力量形成合力做一件事，各司其职、各负其责，突破关键核心技术瓶颈并实现产业化。

（四）解决问题不同

举国体制不是经济社会发展中的一般性常规机制，其应用领域和方向有所限定。集中力量办大事的举国体制主要应用在“急、难、险、重”的攻关任务中，把创新资源优先配置到最紧迫最合适的领域，高效组织协同攻关活动，它能超越短期和局部利益，发挥巨大的制度优势。正因如此，传统举国体制解决的问题主要集中在国防领域如“两弹一星”等。新型举国体制则不仅用在解决国防问题上，还被广泛用在解决经济、社会、健康等问题上。就攻克关键核心技术而言，新型举国体制用来解决的问题有四类：

第一类：重大战略领域的核心技术攻关，即涉及国家安全和民生安全的战略产品或基础设施、关系人民生命健康的重大创新技术等；

第二类：战略前瞻性技术，即关系国家竞争力的未来前沿技术（“无人区”技术）；

第三类：“卡脖子”技术，即关系当前国家主导（先导）产业的共性关键技术；

第四类：防御性技术，即关系到当下国家产业链安全的小众领域，这类技术或产品、原材料往往重度依赖进口，一旦被封锁就会影响产业链安全，且因市场规模小或开发时间长、风险大、投入高，导致企业缺乏创新动力，但通过举国体制的技术攻关可以解决生产瓶颈。

必须指出，在市场机制可以更好发挥作用的领域，应该主要依靠市场力量，按照技术和产业发展规律推动技术创新和产业化。通过新型举国体制突破的关键核心技术，往往是那些单纯依靠市场难以解决或市场主体没有动力去解决的重大而根本的关键领域技术。

（五）适用条件不同

传统举国体制适用于不需要大规模市场化的技术攻关和产品研制，不用考虑产业化问题，也不用考虑市场竞争和产品性价比等问题，是计划经济时期围绕国家重大发展需求开展单一重大战略任务的举国体制。

新型举国体制必须打通全创新链和产业链，考虑后端如何产业化和市场化，必须有效解决产品质量、性价比和竞争力等一系列问题。当前的形势变化，要求新型举国体制既要集中资源和精力攻克技术难题，又要有市场竞争力，具有双重要求。所以，新型举国体制的应用场景是“前端技术攻关突破＋

后端产业化竞争力”，强调以关键核心技术攻关牵引的“创新链＋产业链”互动融合。

（六）目标动机不同

不论是传统举国体制还是新型举国体制，其优势都在于对资源配置拥有绝对话语权，但因两者面临的形势和所处的环境有较大区别，导致两者在资源配置上的目的有所不同。传统举国体制诞生于中华人民共和国成立初期，主要目的是克服资源总量不足的问题，通过有限资源短时间内的快速集中推动重大使命和关键任务的完成。新型举国体制实施面临的环境已经有所不同，资源总量较为充裕，主要目标转变为如何集中优势资源提高资源的使用效率，因而需要遵循新的运行机制和方法。

（七）激励机制不同

传统举国体制的激励以精神激励和使命、荣誉感为主。新型举国体制在微观运行层面尊重市场主体的自主性，主要依靠市场机制解决各方利益分配和激发主体活力。此外，在具体激励时，与相应任务的完成评估和责任机制深度挂钩，同时对不同参与主体分类实施激励。

三、举国体制推动科技创新的三次演进

事实上，以举国体制攻克关键核心技术，是世界科技强国的通行做法。我国利用举国体制推进科技创新的做法在中华人民共和国成立后一直存在，但在不同阶段具有不同内涵和表现形态，经历了从 1.0 到 3.0 的三个阶段演进。

（一）举国体制推进科技创新的1.0阶段

这主要是指中华人民共和国成立后科技发展基础薄弱、科技短板明显，国际环境又以围堵和封锁冷战为主，中国政府只能依靠自力更生实现追赶，独立开展科学技术研究，满足国家建设需求的阶段。中华人民共和国成立后，面对资源匮乏、资金短缺、人才稀缺的困境，虽然在初期靠苏联专家帮助制订了《1956—1967年科学技术发展远景规划纲要（修正草案）》（即“十二年科技规划”）并取得一些进步，但在中苏关系破裂后，中国只能发挥国家动员资源的优势，在最短时间内迅速集中全国最优秀的人力、财力和物力，进行科学研究和技术突破，并完全由政府主导和把控。虽然这段时期条件艰苦，但举国体制推进科技创新的收效明显，代表性成果是完成了“两弹一星”等重大科技攻关任务。

（二）举国体制推进科技创新的2.0阶段

从20世纪70年代末开始，和平与发展成为全球主题，西方国家对中国的封锁和孤立有所缓和。随着中国由计划经济模式转向市场经济模式，并实施改革开放，中国对外科技合作与外部技术获取开始成为主导模式。在这个阶段，政府逐渐放弃使用行政化手段对科技资源和活动的直接干预、全面掌控，转为政府“有形的手”与市场“无形的手”并行推动科技创新，重要标志是中国参与全球技术、人才、资金和市场的资源配置，以“引进消化吸收再创新”路径进行技术学习与创新。在这种模式选择下，举国体制推动科技创新的内在动力、实施主体和模式发生了深刻转变，收效较好。比如，中国高铁由追赶到引领的成功实践，就是举国体制推动科技创新的典型案例。当然，在对外科技合作过程中也遇到一些问题，比如2003年中国为参与欧洲伽利略卫星系统项目开发承诺投资2.7亿美元，2007年欧洲以安全问题将中国排除在外，拒绝了中国的投资，这一结果却促使中国开始重新独立开发北斗系统。

（三）举国体制推进科技创新的 3.0 阶段

进入 21 世纪后，中国提出创新驱动发展战略和高质量发展目标，要达到这一目标，就必须实现科技自立自强，跨越以往“引进—落后—再引进—再落后”陷阱，更要突破“卡脖子”难题、摆脱受制于人的困局。此外，当今世界处于百年未有之大变局，全球秩序处于失衡与重构当中，中国科技创新发展面临的外部环境逐渐恶化，尤其是以美国为首的西方国家对中国实施“脱钩断链”，全面遏制中国的科技突破，围堵中国对外科技交流。在这种局面下，原来通过引进、合作或者学习实现科技创新的方式不再可行。在新的形势下，中国除了要继续参与全球科技要素配置和遵循科技合作新规则外，更要通过新型举国体制，充分利用集中力量办大事的制度优势，充分发挥市场和社会主体的活力，通过重大项目攻关等方式突破关键核心技术，探索研发未来前沿技术和战略性技术。

四、关键核心技术的内涵

关键核心技术的内涵可以从三个方面界定。首先，关键核心技术是由企业掌握但关系整个产业正常良性发展的技术，具有“产业共性技术”的特点，而不只是企业独有的技术，新型举国体制恰恰为产业共性技术的研发、突破提供了新的路径；其次，关键核心技术是一种核心技术，核心是指技术的重要程度，关键核心技术不是一般技术而是关系企业发展的核心装置、配方诀窍、工艺流程或复杂技术系统等，没有核心技术就难以培养真正的竞争力；最后，关键核心技术是一种关键技术，关键则是指一旦自己不掌握，在技术供应商、设备供应商、材料供应商甚至软件服务供应商“脱钩断链”的情况下就会立即受制于人，成为产业发展的瓶颈。

关键核心技术的“卡脖子”问题短期存在于中国产业发展中，根本原因在于中国尚未建立科技创新体系化能力，以往中国建立的要么是低端制造能力、要么是某个环节的技术能力，没有形成可以持续突破产业关键技术的科技创新体系。在当今情况下，新型举国体制是进行关键核心技术攻关的一种有效方式，但不只是重复用这种方式突破某项技术。在用这种方式达成目标后，更重要的是围绕关键核心技术建设全面、可持续的科技创新体系化能力，实现科技创新能力的整体提升。

第二节

企业践行新型举国体制的动机

践行新型举国体制开展技术创新的企业，主要有三类动机（见图 5-2），分述如下。

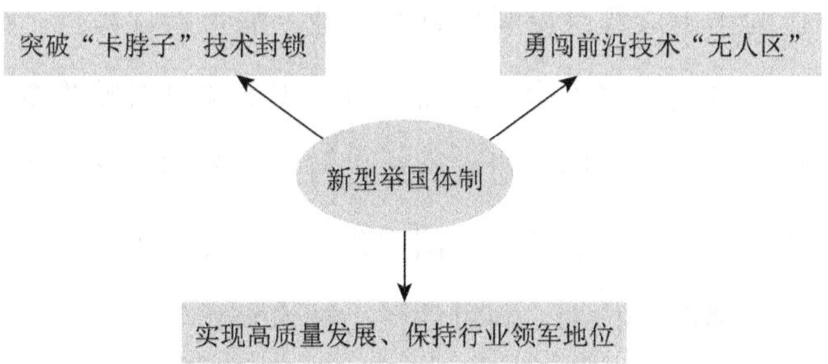

图 5-2　企业利用新型举国体制突破关键核心技术的动机

一、突破“卡脖子”技术封锁

中电科二十九所承担的北斗三号系统研制任务，是“高、精、尖”复杂星座系统，涉及卫星系统皮秒级时间维持和导航信号精稳播发、星间 7 万千米距离下厘米级测量精度、与其他导航系统的兼容互操作、元器件及部组件全面国产化等大量世界性的技术和产品研制难题。比如，载荷系统研制就面临四个方面的空前挑战：一是北斗三号系统建设之初，国内导航专业技术相对薄弱，元器件、部组件的性能相对落后，需要全方位开展多技术路线比选和性能优化，只能立足自主创新，没有国外技术引进的可能；二是北斗三号卫星新技术数量多、比例高，需要在有限时间内突破大量关键技术、“卡脖子”技术；三是卫星设计寿命长，要求不中断连续工作十年，对稳定性和可靠性要求严苛；四是传统的卫星载荷系统设计手段和研制流程不能适应新技术的快速应用，相关标准和规范存在诸多盲区。面对北斗三号卫星载荷系统研制的挑战，中电科二十九所急需在传统航天产品研发模式基础上改革创新，联合国内各专业领域优势力量，构建一个跨学科、跨领域、多类型主体参与的新型组织平台，突破系统总体、基础理论、算法研究和部组件研制等“卡脖子”技术难题，抢占科技制高点。

中复神鹰作为国内碳纤维材料的领军企业，肩负着保障国产碳纤维的稳定供应的责任。碳纤维是国家安全、武器装备亟须的关键战略物资，战略性新兴产业发展的重要支撑。由于国外对碳纤维进行技术封锁和产品垄断，短期以来我国碳纤维严重依赖进口，亟须解决国产化。中复神鹰需要打破国际封锁，突破世界最先进的干喷湿纺技术，同时将核心技术转化为生产力需要，以量大质优的产品与国际一流的碳纤维企业竞争、引领碳纤维市场，满足国内航空航天和国防军工等关键领域需要，实现国产化替代。

中国联合重型燃气轮机技术有限公司（以下简称中国重燃）承担了国家科技重大专项重型燃气轮机工程的攻关任务。重型燃气轮机设计、制造难度极大，为突破重型燃气轮机“卡脖子”关键核心技术、研制自主知识产权产品，建立我国重型燃气轮机自主可控的产业技术体系，打破对国外技术与产品的持续依赖，推动我国装备制造业转型升级、加快从制造大国转向制造强国，2015 年中共中央、国务院决定实施国家科技重大专项重型燃气轮机工程（以下简称重燃专项）。按照有关部署，需在2020年突破型号产品关键技术，到2023年建成试验机组并示范运行。中国重燃要实现上述目标，就必须探索用新型科技攻关模式突破“卡脖子”技术。

中国航发承担我国航空发动机的研制重任。航空发动机是彰显国防实力的重要航空武器装备，世界上仅有中、美、俄、英、法五国能独立研发航空发动机。因研制难度大、启动时间晚，当前我国航空发动机仍与世界顶尖水平存在较大差距。中国航发意识到必须采用新的组织方式，突破多个领域的“卡脖子”技术，加速完成航空发动机产品研制、技术创新和产业培育任务。

中国电子科技集团公司第三十八研究所（以下简称中电科三十八所）承担的是国家战略预警体系核心装备浮空器的研制任务。我国浮空器产业基础相对薄弱，呈现“散”“小”“弱”的粗放型发展局面。浮空器的研制是一个极其复杂的“巨系统”，具有约束紧、任务重、难度大、参与承研单位范围广、技术接口多等特点。此外，还面临两道难关：一是决定浮空器安全性的关键材料及元器件技术性突破，需要跨越理论技术、样件研制、联合验证的技术性障碍；二是关键材料的产业链协同突破，需要跨越院所、机构、企业的地域、层级、管理关系的行政型障碍。中电科三十八所作为国内浮空器领军企业和装备总体单位，迫切需要发挥关键的“枢纽”作用，破解关键材料国产化研制系列难点，对上游培育产品市场，争取技术和经费支持；对下游牵引整机研制、材料研发和技术迭代。通过这种方式方能推动供给和需求协同、加强研发与生产协同、推动上游与下游协同，推动全产业链的创新协同与能力升级，不断提升浮空器装备自主基础研发能力，构筑支撑浮空器装备全生命周期的研发、制造和保障能力，保障装备可持续发展。

中国电子科技集团公司第四十一研究所（以下简称中电科四十一所）作为中国电子测量仪器的国家队，承载着中国振兴民族电子测量仪器的历史重任。中央部委及中电科高度重视电子测量仪器“卡脖子”问题，在军委装备发展部和国务院国资委相关工程中，都将电子测量仪器作为一个单独领域重点支持。中电科四十一所意识到只有通过不断创新变革、采取新型的创新组织机制，才能突破“卡脖子”技术、增强自主可控能力，开发适销对路产品并缩短研发周期，追赶国外一流测试仪器厂商。

二、勇闯前沿技术“无人区”

国家电网承担的特高压直流输电工程是我国立足自身能源资源禀赋和经济社会发展需求提出的全新技术，国际上没有先例，无参考系、无对照集，面临诸多挑战。一是特高压直流基础理论难。电压跃升至800千伏后，绝缘配合方法、空气间隙耐受特性、电磁环境性能均发生显著变化，原有的经验公式、典型参数超越适用范围，获取全新电压等级下的物理特性，必须建构在最基础的理论推导、科学试验之上，发现新现象、揭示新规律。二是特高压直流关键技术难。特高压直流输送容量大，暂态工况、故障工况对系统的冲击大，系统拓扑方案、控制策略、系统安全稳定策略、过电压抑制等科学问题均出现量变引起的质变，需要开展全面创新。三是特高压直流设备研制难。特高压直流设备是电磁热力紧密耦合、相互作用的复杂系统，高电压等级绝缘、高效率散热、高可靠性运行技术挑战极大，要求建模水平、设计水平、加工工艺、试验检测、质量控制的全面提升。

河钢集团作为世界钢铁协会执行委员会单位，面对全球钢铁低碳发展和绿色竞争新形势，率先规划绿色低碳发展路线，突破钢铁领域传统理论约束，促进企业综合竞争实力及国际影响力的持续提升。目前，全球钢铁行业能源消耗约占全球能源总消耗的 8%，碳排放量约占全球碳排放总量的 7%，是全球碳排放重要工业领域之一。随着全球钢铁逐步进入“中国时代”，我国在顶层设计层面对钢铁行业降碳提出更高要求，必须通过工艺流程变革、用能结构优化、研发全生命周期绿色低碳材料等措施，从根本上摆脱对化石能源的绝对依赖。“高炉—转炉长流程”结构在我国钢铁行业中仍占主导地位，以化石能源为主的能源结构仍未发生根本性转变，碳排放量占全国碳排放总量的 16% 左右，占全球钢铁碳排放总量的 60% 以上。为此，河钢集团志在突破传统冶炼模式，推动电炉短流程、研发氢冶金等颠覆性技术应用，建成全废钢电炉短流程特钢厂、全球首例氢冶金示范工程和绿色化智能化新一代大型联合钢厂，开辟出降低碳排放强度的重要路径，引领行业绿色低碳发展。

航天材料研究所承担着重大国防工程任务某飞行器系统的材料技术攻关任务，该工程自批复立项即肩负着“国家的、科技的、以工程为背景的”目标与使命。其中，飞行器系统是实现任务总体目标的关键，是关键技术攻关的核心。然而，飞行器超长的服役时间、严酷的热力环境条件、极高的轻质化防热承载要求，使得国内现有材料体系无法满足，世界范围内也未有成功先例，迫切需要开展新一代航天材料技术的原始创新，填补领域空白。航天材料研究所勇闯“无人区”技术，通过新型举国体制攻克具有突出的前沿性、探索性和不确定性等特征的材料技术，这也成为决定工程成败的重中之重。

三、实现高质量发展、保持行业领军地位

国家橡胶与轮胎工程技术研究中心（以下简称国橡中心）发现，虽然自 20

世纪60年代以来国内橡胶产业通过引进吸收国外先进技术经历了快速发展阶段，但在高端市场份额、国际市场份额以及品牌价值等方面，与国际巨头仍存在较大差距。从研发资金投入到试验验证，依赖外部企业或机构进行推动难以为继，也面临诸多风险。在此背景下，要实现企业的高质量发展，就必须采用新的创新组织机制和方式。国橡中心提出搭建自主可控的产业链条，创造源头创新和产业化的条件，通过构建“双链耦合”橡胶轮胎产业链协同创新体系，加速打造具有国际话语权和影响力的橡胶轮胎产业集群和橡胶轮胎企业，推动橡胶轮胎产业基础的高级化和产业链的现代化，促进行业和企业向高端化、绿色化、智能化转型，形成世界一流的产业竞争力。

无锡一棉通过对国际纺织行业发展趋势的跟踪研究意识到，在目前国际棉纱线市场上，粗中支纱由于门槛低导致竞争非常激烈，而高支纱及特高支纱由于技术含量高，利润较好。我国的棉花资源和劳动力成本决定了棉纺织业在粗中支纱市场已无国际竞争力，市场份额逐渐丢失，亟待依靠创新和技术进步开发高支纱甚至是特高支纱，实现产品的升级换代。为此，必须加快企业在装备及生产过程的数字化、网络化、智能化的建设，研发高档次高质量纱布产品，促进高档次产品的品牌建设和品牌影响力，提升企业整体竞争力，才能有效抵御各种风险和不利因素，促进纺织行业高质量发展，由纺织大国迈向纺织强国。

第三节

企业践行新型举国体制的组织方式

新型举国体制的落地，必须有一个强组织进行牵头。这个强组织既不是传统的产业联盟、创新平台等松散合作形式，也不是完全依靠现有企业的组织体系，而是通常会采用一种新型的组织模式来推动。这种创新的组织模式包含两个层面：一是牵头企业（机构）的组建方式，也就是通常所说的“链主”或“主导”企业，解决的是如何组建问题；二是牵头企业主导下的创新联合体协同组织方式，也就是通常所说的“创新参与主体”，解决的是如何运行问题（见图 5-3）。

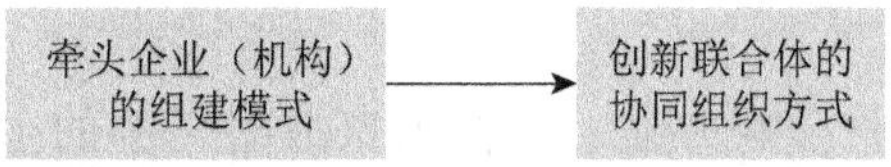

图 5-3　企业践行新型举国体制的组织模式

采用新型举国体制的企业也有不同类型，表现出不同特质。首先介绍推动新型举国体制的代表性企业类型，随后总结牵头单位的四类组建方式，最后阐述牵头企业主导下创新联合体的协同组织方式。

一、推动新型举国体制的代表性企业类型

虽然采用的都是新型举国体制，但实践中不同牵头企业的市场地位和影响力不同（有的行业话语权大，有的话语权小），面对的任务类型不同（国家战略需求任务，企业市场需求任务），导致产业链上下游的博弈结果以及政府授权有所不同，于是出现了几类推动新型举国体制的代表性企业。以“行业影响力强弱”和“需求来源”两个维度为轴，我们可以得到如图 5-4 所示的分类矩阵。

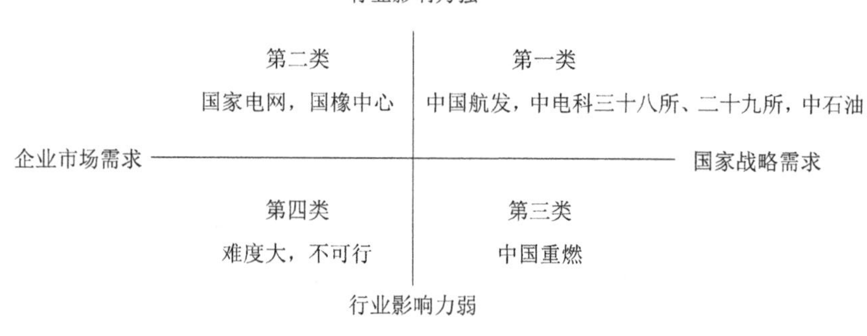

图 5-4　践行新型举国体制的几类企业

第一类是那些行业影响力强、承担国家战略任务的主导企业。这类企业在产业链上的博弈能力强，同时有政府授权，具备很强的资源动员和跨企业、跨行业协同能力，推动新型举国体制落地相对容易。这类企业通常会基于自身的组织体系，通过内部成立高规格部门的方式去推动新型举国体制落地，如中石油、中国航发、中电科三十八所等属于这类企业。

第二类是那些行业影响力强、源于自身市场需求的牵头企业。这类企业通常是天然的链主企业或龙头企业，包括有些垄断企业，它们利用自身产业链的影响力调动上下游科研机构和企业资源，通过利益机制撬动全行业实现从关键

核心技术突破到产业化的科技攻关，适合采用新型举国体制，如国家电网、国橡中心等都是这类企业。

第三类是那些有一定行业影响力同时承担国家战略需求的牵头企业。这类企业虽然在行业内的影响力和博弈能力不如老牌垄断企业，但有很强的专业性，基于政府授权和机制创新，可以绑定行业上下游企业、实现资源的协同配置和高效使用，推动科技攻关和新型举国体制落地，如中国重燃等。

二、组建牵头单位的四种方式

突破关键核心技术的组织体制不同于其他技术研发体制，新型举国体制的牵头单位要向上承接国家任务并承担责任、向下调动市场和社会资源，采用新型的运行机制组织相关创新主体进行技术攻关。必须指出，新型举国体制下的“强组织”通常由企业来承担，它既可能是由本来就处于龙头地位的链主企业通过一种专门针对科技攻关任务的新的组织形式来承担，也可能由不同参与主体投资入股成立新的公司实体来承担。只有这样，才可能对相关参与方形成真正的牵引力，传统合作松散、无实体关联的联盟或平台很难有号召力和实际落地能力。因此，新型举国体制的第一个重大问题就是牵头负责单位该如何创新性地组建。通过案例总结发现，新型举国体制下突破关键核心技术的组织方式有四类。

（一）单独成立新的统领企业或机构负责牵头

中国航发的组建采用了母体公司关键技术业务剥离的方式。2016 年，中共中央借鉴发达国家“飞发分离、动力先行”模式，推进航空工业体制改革，将航空发动机和燃气轮机业务从中国航空工业集团剥离出来，组建成立中国航空发动机集团有限公司。中国航发由此成为攻克航空发动机关键核心技术的牵头负责单位。

中国重燃的组建采用了上下游关联方共建方式。中国重燃于 2014 年 9 月 28 日在上海注册成立，由国家电力投资集团有限公司（股比 71.704%）控股，上海电气（集团）总公司（股比 12%）、哈尔滨电气股份有限公司（股比 8.148%）、东方电气股份有限公司（股比 8.148%）参股。2016 年 12 月，国务院明确国家电力投资集团有限公司是重型燃气轮机工程的实施责任主体，明确中国重燃负责具体实施，承担重型燃气轮机工程型号研制、工程验证机研制、关键技术研究与验证、基础研究等项目任务。

国橡中心的组建采用了关键参与方成立更高规格统领机构方式。国橡中心由赛轮集团和软控股份联合青岛科技大学等行业优势单位承建。2013 年国橡中心获科技部批复，成为国内唯一一家实施“创新管理模式试点”的国家工程研究中心。为推进创新管理模式试点工作，国橡中心升格到各承建单位之上，作为产业链创新和协同管理中心，以科技创新为引领，以资金、人才等关键要素为保障，搭建橡胶轮胎行业创新链产业链深度耦合的协同创新体系，攻克了多项橡胶轮胎全产业链关键技术，成为引领行业创新发展、实现国家橡胶强国战略的重要力量和载体。

（二）链主企业内部成立高规格专门机构负责统领

国家电网是具有垄断地位的业主单位，也是最大的用户。在特高压直流输电技术攻关工程中，为有力统筹推进工程创新和建设，国家电网在公司内部打造了由工程建设领导小组、专家委员会和行政主管单位构成的工程“总体部”，对工程系统结构、环境与功能进行总体分析、总体论证、总体设计、总体协调，发挥在全部科研活动和工程管理活动中的科学决策、资源协调、推动科研与工程匹配衔接等作用，以集团化运作体系攻克复杂系统技术难题。“总体部”又分设几个机构：建立工程建设领导小组，作为“总体部”的决策核心；组建工程专家顾问团队，作为“总体部”的决策支撑机构；专门成立特高压部，作为特高压工程“总体部”的执行指挥主体。特高压部是国家电网行使项目法人职能的常设机构，负责工程建设全过程的总体管理和监督，此外成立专项领导小组和属地领导小组，确保决策指令的贯彻落实。这种专门针对重大科技攻关任务的高规格组织模式，有效保证了资源协同和高效推进。

国家电网在特高压交流输电技术攻关工程中，在国家支持下发挥主导作用，建立密切协同的特高压交流输电工程创新联合体，集中国内高压输电领域科研、设计、制造、施工、试验、运行单位和高等院校等方面的力量（100余家单位），实施联合攻关。国家电网作为创新链的发起者、创新目标的提出者和创新过程的组织者、参与者、决策者，以及创新成果的首次应用和规模化应用的推动者，是创新联合体的核心主体。

（三）由天然的链主企业负责统领创新联合体

中电科二十九所在深入理解研制北斗三号卫星系统的使命和需求的基础上，结合自身特点及航天产品实践经验，研究确立研制管理总体思路：以中电科二十九所作为“小核心”，组建大协作“国家队”，以国际一流导航系统需求牵引顶层设计，从“数字样机集成平台，数字化资源管控平台、全程可追溯的质量管理、产品协同保障和人才队伍建设”五个方面入手，将传统的“系统、子系统、单机、模块、组件、元器件”等分级单线程串行研发、“产、研、用”分离的航天产品研发流程管理改革为各级产品多方案并行攻关、数字化高效迭代集成的开放式扁平化协同研制管理，充分聚合国内优势科研力量，大幅提升卫星载荷系统研发效率，打破国外技术封锁和产品壁垒。针对不同单位的技术优势和特点，中电科二十九所采用灵活的技术和产品合作模式。在与理论基础雄厚的高校合作时，采取“高校出算法、29 所工程化”的技术合作模式，形成优势互补，加快技术的工程化；在与工程化能力较强的科研院所合作时，发挥其在产品研制方面的优势，提升“国家队”的工程化能力（见图 5-5）。

图 5-5 中电科二十九所的“小核心”大协作“国家队”

中电科三十八所在“浮空器国产化”攻关的过程中，扮演核心技术攻关“出题人”角色，发挥双向牵引的总体单位枢纽优势，向上牵引基础科学技术理论突破，向下牵引关键材料元器件分系统的设计研发，牵头组建浮空器国产化“创新联合体”。具体来说，中电科三十八所以承接国家重大课题为契机，发挥专业全的技术优势和装备多的市场优势，联合优势单位牵头组建联合创新实验室，打破“院”“所”围墙和技术“壁垒”，由分管所领导牵头，集团公司首席科学家、首席专家为核心，多领域技术骨干为主体，围绕平台载荷一体化、囊体集成智能化、缺陷无损检测等多个方向开展攻关，确保未来业务和技术主导权。

此外，中电科三十八所联合中国科学院、航天科工等5家科研院所以及行业重点企业组建“1+5+N”浮空器装备国产化研制“国家队”，实现对跨行业优势资源的整合和研发能力互补提升。

（四）政府授权并引导成立龙头企业间的联合体组织攻关

2006年，国务院确定“大型油气田及煤层气开发”重大专项，2008年5月确定最终实施方案。为推动方案实施，油气重大专项建立了四级组织体系，既发挥国家部委的引导、协调、监督职能，也依托各企业科技创新与管理体系，做到责权利相统一。四级组织体系分别落在部委、产业、企业和项目组四个层级上（见图5-6）。其中，部委层面由科技部会同国家发展改革委（国家能源局）、财政部成立重大专项领导小组，负责研究解决重大专项组织实施中的重大问题；产业层面成立由大型石油企业牵头组织，成员包括三大石油公司等主要油气企业主管科技业务的副总经理或副总裁、科技管理部分负责人，以及原国土资源部、教育部、中国科学院相关业务主管领导在内的实施工作组；企业层面由中石油、中石化、中海油的企业主要负责人组成本单位油气重大专项实施工作组，依托本单位科技管理部门的专项实施管理办公室，统一部署和推进下属单位承担的专项项目与示范工程攻关；项目攻关执行层面按照项目、课题、任务三级分解，示范工程按照示范工程、任务两级分解，依据需求组建产学研用一体化协同攻关团队。

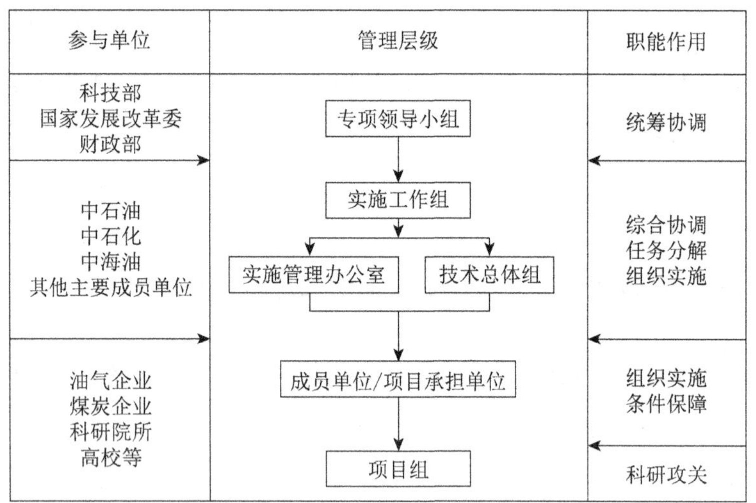

图 5-6　大型油气田及煤层开发重大专项的四级组织体系

三、牵头企业主导下创新联合体的协同组织方式

（一）AE 平台引领的参与主体协同组织：中国重燃

为高效聚集全产业链碎片资源、破解创新链条割裂等困局，2019 年 6 月中国重燃借鉴并发展 AE（Architect Engineering，设计建造一体化）理念，建立能贯通科研与产业化、实现技术集成与实物构造一体化的新型组织形式——自主重型燃气轮机 AE 平台。AE 平台采取“前后台、矩阵型”运作模式，前台成立重型燃气轮机型号研制项目部，由中国重燃牵头运作，下设 R（基础研究）、E（设计）、P（试制）、M（材料）、C（安装）、S（试验）板块，负责型号产品开发；后台由产业链各法人单位构成，通过与中国重燃成立联合实验室、协同创新中心、AE 工作站等灵活形式，向前台派出资源，以型号为牵引开展相关工作（见图 5-7）。

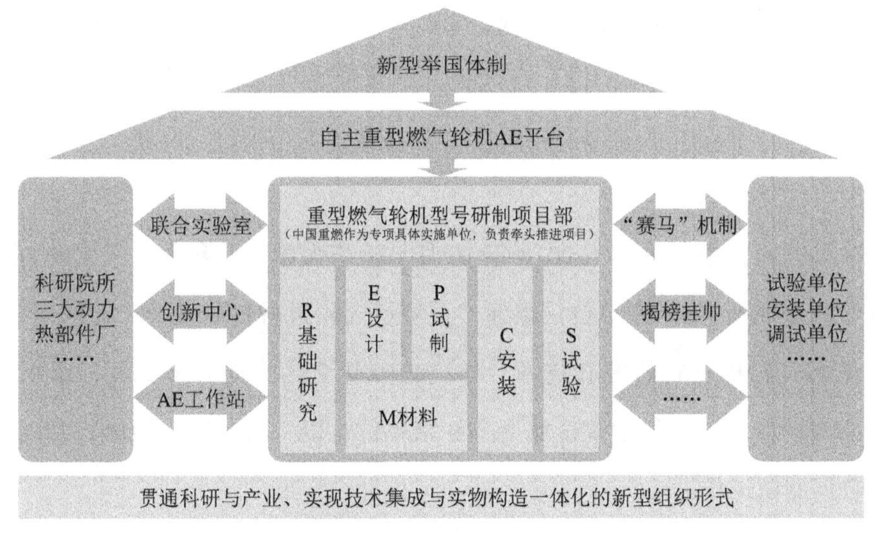

图 5-7　中国重燃搭建的自主重型燃气轮机 AE 平台

基础研究方面，中国重燃联合清华大学、上海交大、哈工大、北科大、上海大学、华东理工大学、中国科学院金属所等知名高校院所共建 7 家 AE 联合实验室、协同创新中心，共同攻克共性关键技术、前沿引领技术。2018—2021 年，上述高校院所参研人数达 850 人。

设计方面，2018—2021 年三大动力、上海成套院及相关单位派出 70 名有工程设计经验的人员，以“大协作人员”身份加入型号研制项目部参与产品设计。“大协作人员”劳动关系仍在原单位，但接受中国重燃统一领导、统一考核、统一绩效分配，很好地解决了跨法人单位间指挥不灵、协同乏力的难题。

试制方面，2018—2021 年，中国重燃出资 4.5 亿元，以揭榜挂帅、“赛马”竞争机制，组织三大动力、中国科学院金属所、江苏永瀚、北京北冶、江苏隆达、无锡透平、成都和鸿、二重、钢研院等 20 余家单位开展关键部件试制工作。各单位派出试制人员约 1450 人，加入型号研制项目部 AE 工作站，与研发、设计、材料人员无缝衔接，截至2021年9月累计开展200余次技术交流，解决1500余项主要技术问题，有效提升了重型燃气轮机设计的可制造性、可装配性。

材料方面，中国重燃于2018年10月与清华大学、北科大、三大动力、中国科学院金属所等11家单位，组建"重型燃气轮机材料研发及产业联盟"，开展重型燃气轮机材料研究和技术合作；2019年7月出资1.76亿元，组织北科大、三大动力、中国科学院金属所等9家单位，以"联合体"的形式共同开展材料数据测试工作。

试验方面，2018—2021年，中国重燃出资5.2亿元，与清华大学、西安交大、哈工大、西工大、三大动力、624所、606所等单位合作，对11个压气机试验台、12个燃烧室试验台、16个透平试验台进行适应性改造，开展关键技术试验验证；通过揭榜挂帅机制，累计实施总金额达10亿元的70余个试验项目。

组建联盟，为进一步整合全产业链资源、夯实AE平台基础，中国重燃于2020年9月联合清华大学、上海交大、三大动力、北京北冶等66家单位成立全国性、开放性的创新联合体——中国燃气轮机产业创新联盟；充分利用信息化技术在各主要协作单位统一搭建基于Teamcenter的产品协同开发管理平台，让全体协同作战人员在一个平台上工作、一个频道上对话。

（二）组建紧密融合的产学研开放式研制平台：中电科二十九所和中国兵工202所

以最优技术解决方案为目标，中电科二十九所提出数字化产学研融合管理新模式，采用以“学”促“研”、以“研”推“产”、以“产”证“学”的良性循环方式。该模式以产品研制的技术需求为起点，快速传递到创新链上游，以数字样机集成平台为手段，采用“仿真先行、验证其后、前后迭代”思路，实现技术效果和产品性能的综合评估，根据评估结果形成产学研的反复多轮迭代，实现技术方案最优解。以国际首创的导航星间链路组网技术为例，在北斗三号系统方案论证之初，面临着先进的相控阵体制和成熟的反射面体制两种方案选择，前者在国际上尚无经验借鉴，技术领先但存在很大不确定性，后者技术成熟，但存在局限性大、工程实现代价大的缺点。中电科二十九所以系统最优技术方案为导向，联合国防科大、中电科五十五所等单位组建产学研融合攻关团队，开展系统总体设计、技术可行性分析、原理样机研制和测试验证等全流程攻关，发挥高校深厚的算法优势以及军工央企在芯片设计、微电子制造和试验验证等航天工程化优势，历时 3 年 4 轮样机正反双向快速迭代，收敛星间链路组网的最优技术方案，成功解决了星间链路组网技术攻关和载荷产品工程化的系统性难题，实现北斗导航系统星座的“一星通”和“星星通”的重大突破。

中国兵器工业集团第二〇二研究所（以下简称中国兵工 202 所）站在国家安全战略、集团产业布局和行业发展规划高度，牵头组建一个国家级装备研究平台（见图 5-8）：率先打破研究所、企业、院校边界，整合人才、资金、信息、技术等多种资源；以推动跨地区、跨领域、全产业链的产学研体系建设为目标，提出构建行业科技创新体系的原则、目标和具体措施，联合 127 厂、137 厂、197 厂、447 厂等 5 家企业，以及北理工、南理工等院校组建“1+5+N”装备研究体系，确定了各单位在体系内发展重点、产品定位，建立主要的运行机制，建立装备研发“国家队”。其中，研究所负责装备研究和技术体系顶层规划、发展路线制定、复杂系统抓总研制和关键核心技术研究，牵头提升顶层规划、产品研制、技术攻关能力；企业负责与自身定位相关的特色技术攻关、工艺研究与应用、试制、产品实现和装备保障，牵头提升试制工艺技术研究能力和高质量集约化生产能力；高校负责前沿技术、基础研究，设计方法等技术支撑。

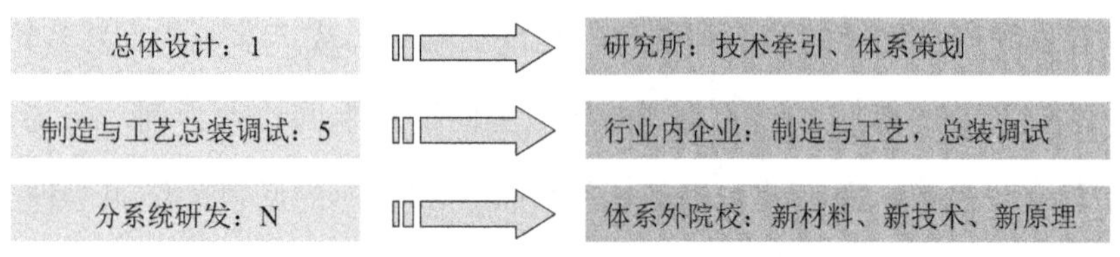

图 5-8　中国兵工 202 所的装备研究体系组成分工示意图

（三）基于重大课题建立科研攻关共同体：航天材料及工艺研究所

航天材料及工艺研究所为了高效完成基础理论研究工作，有序衔接和支撑各阶段关键技术攻关的推进，充分发挥举国体制优势，针对“新型防隔热材料组分结构对宏观特性影响及控制方法”等科学问题设置重大项目，发布 20 项基础研究需求，建立起类似“973”项目群的应用基础研究管理模式。

这一做法的具体方式如下。技术首席抓总，汇集北航、北理工、哈工大、上海交大、电子科大、东大等国内优势高校，中国科学院工程热物理所、航天科技一院十所、十一院等科研院所等企事业单位集智攻关；以项目专家组的设立，支撑民主决策机制的形成；以项目总体组的建立，统筹协调子课题研究进程及各子课题间的衔接耦合。在重大项目的实施过程中，坚持“宽松、宽容，严格、严谨”原则，强调基础理论研究既面向需求又兼顾自由创新，在材料学、力学、热学等多学科的交叉融合中，形成新一代航天材料性能优化等一系列的原理方法，丰富了材料技术应用基础理论体系，为关键技术攻关突破提供了有效支撑。

（四）基于权威行业协会引领的产学研用一体化：河钢集团

河钢集团在世界钢铁协会的指导下，成立世界钢铁发展研究院，加强与全球钢铁企业、高等院校、科研院所、协会组织间的协同研发和应用，研究钢铁工业低碳发展战略与对策建议，实施技术产学研用一体化运行，成立河北省生态环境领域第一家国资国企平台——大河生态环境科技集团有限公司，以生态环境领域重大需求为导向，打造生态环境领域最具技术创新力和市场竞争力的示范应用平台。基于上述平台，河钢集团广泛联合高校、科研院所、各行业领军企业等社会智力资源，开展关键核心技术研发和产业化应用。相继联合中国科学院、东大、北科大、昆士兰大学等国内外知名院校企业，开展大气污染控制耦合能质增效技术、CCUS（碳捕集、利用与封存）、绿氢制备、氢冶金等前沿绿色低碳技术研究，推动技术装备加快向高端化、智能化、绿色化升级。同时，河钢集团主持承担国家绿色低碳重点专项课题，不断积蓄技术资源，相继主持“钢铁行业多工序多污染物协同控制技术”“水资源高效利用国家重点研发计划”“钢铁行业水污染全过程控制技术系统集成与综合应用示范”等多项国家重点专项项目，在行业内率先研发源头—过程—末端全过程协同控制技术，建设钢铁行业全过程控制超低排放技术体系，为全行业提供超低排放标准参照，带动钢铁生产全流程全过程污染物的全面减排。

四、专题：有效的“两总”制组织领导方式

“两总”制是指在践行新型举国体制突破关键核心技术的过程中，牵头企业内部通过成立“行政总指挥”和“总设计师”来推动重大项目的高效落地和攻关执行的一种组织领导方式，多见于军工领域。其中，行政总指挥负责复杂的资源和部门协调，总设计师负责专业技术攻关。行政总指挥通常由牵头单位或

上级公司一把手直接担任，具有很强的资源调动和跨部门协同能力，并且一直跟随项目，不受任期影响，当然也有企业的行政总指挥由技术一把手担任。实践证明，“两总”制较好解决了传统组织模式职能分割、协同不力、指挥不灵、随任期走、行政力量与技术力量混同的弊端，收到较好效果。

中国航发坚持系统工程理念，按照“集团总部统筹管控、总师单位具体项目抓总”的原则，设置“纵横结合”的集团两级项目管理组织。纵向成立型号“两总”（型号总设计师、行政总指挥）系统进行垂直指挥；横向有机协调总部科研生产等部门各管理要素。总指挥是型号项目的第一责任人，代表集团履职，对研制过程的质量、进度、成本等实行有效管理；总设计师是型号项目的技术总负责人，牵头抓总技术和有关项目管理、体系及人才队伍建设等。

自2017年开始，中国航发分三个阶段推进型号总设计师专职化改革，给待遇、树权威，免除重点型号总设计师不相关的行政职务，但是赋予总师高度的技术决定权、资源调配权等，让总师集中精力抓技术。设立集团级专职型号总设计师、成员单位三级专职型号总师，形成“1+3”专职型号总设计师岗位体系，印发责任清单，逐一明确型号总设计师责任和权限。提高总设计师地位，项目责任主体由职能部门转移至型号研制团队，确保总设计师站在集团发展、用户需求和国防安全的高度，综合考虑型号改进改型和系列化发展。集团直接与型号总指挥、总设计师等领军人才签订目标责任书，明确重点工作任务指标并进行考核，设定的考核目标计划节点前置于用户要求，考核难度高于任务计划。

在重型燃气轮机重大科技攻关工程任务中，国家层面设立重型燃气轮机工程“两总”系统（行政总指挥系统、总设计师系统），行政总指挥由国家电力投资集团有限公司董事长担任、常务副总指挥由中国重燃董事长担任、总设计师由中国重燃总设计师担任。在国家电力投资集团有限公司层面成立重燃专项领导小组，由集团董事长担任组长，举全集团之力支持中国重燃实施专项任务；中国重燃层面，为破解稀缺资源高效配置难题，于2018年8月起按“前台主战、后台主建”原则，进行项目式矩阵型变革，成立5个前台项目部，聚焦关键技术攻关；成立10个后台专业室，专注于体系能力建设。

南京玻纤院将“两总制”运用在具体项目层面。比如，南京玻纤院在材料基因核心团队设置项目经理和项目总工，实施“两总”负责制，各司其职又互为补充。项目经理主要负责建立团队，推进项目的实施和目标达成，管理、培训和激励项目团队成员，参与部分技术攻关，推动科技成果向市场转化；项目总工主要负责核突破心关键技术，构建核心研发能力，获取各类科研项目的支持，培养与指导团队研发人员。再如，南京玻纤院依托特种纤维复合材料国家重点实验室，成立原创技术策源地项目攻关领导小组、工作小组、咨询专家组和项目执行组，项目执行组建立行政、技术“两总”责任人体系。

中国兵工202所针对装备研发体系组成单位不同特点，积极创新运行管理机制，在体系架构的科学性下，将体系分工布局、试点项目、管理运行制度等进行超前设计，形成了《研究体系构建方案》《体系运行实施方案和管理办法》等管理办法。2018年以来，在研究所牵头下，装备研究体系全面落实“双组长”制，组建跨单位、跨领域、跨行业体系推进组及办公室，建立科技发展专家库，明确职责定位和工作机制。其中，体系推进组采取双组长制，组长由主管机关和研究所领导担任。

第四节

企业践行新型举国体制突破关键核心技术的正向实现路径

按照关键核心技术是否成熟，可以将关键核心技术的突破分成两类，一类是对既有成熟技术的追赶，也就是国外领先企业已经掌握并成为行业主导设计的关键技术，中国企业通过新型举国体制方式实现创新追赶；另一类是对于全新技术或处在探索中尚未确定主导设计的关键技术的突破，中国企业通过新型举国体制勇闯“无人区”，从不同环节切入形成中国独有的技术解决方案。必须指出，不论是技术的创新追赶还是率先突破，都是以企业为主导的一种正向实现路径，以往的技术合作、直接购买成套技术（装备）、引进消化吸收再创新、“市场换技术”方式或从低端切入的逆向路径都无法做到，因为关键核心技术“买不来”，别人不愿意“合作”，技术封锁程度非常高。

一、国外已成熟、我国不掌握技术的正向追赶

这是指通过新型举国体制方式，突破技术瓶颈点进而完整掌握和“还原”国外已成熟的关键核心技术的全套原理、产品开发、工程化试制、规模化生产等的一种正向追赶方式。

（一）中国重燃：突破 300 兆瓦级重型燃气轮机核心技术的正向路径

中国重燃的核心技术正向突破路径是一个从总体架构形成到关键技术突破的过程，分四个层次。

第一，确定总体架构技术。中国重燃的总体架构技术遵循了从需求到产品实现的路径。公司基于全面分析产品需求形成产品规范，然后由总体性能和总体结构牵头，各专业自顶向下分解燃机部件设计指标和结构设计边界，再按部件设计要求向下分解对应零部件的设计指标及要求，开展零部件设计、优化调整等工作，最后从零部件、部件、系统逐级向上开展试验验证，形成从需求到产品实现的总体架构技术。在总体架构技术引领下，中国重燃开展面向各专业设计的底层要素构建，从 2018 年起用时 3 年开展总体性能、总体结构、压气机、燃烧室、透平、控制系统的核心设计工具软件、流程、准则、规范、数据库建设。中国重燃各专业设计要素建设概况如表 5-4 所示。

表 5-4 中国重燃各专业设计要素建设概况

专业	设计流程	设计准则、规范	设计工具软件
总体性能	8	6	7
总体结构	24	42	46
压气机	14	10	21
燃烧室	5	24	28
透平	21	28	26
控制系统	4	11	6
总计	76	121	134

资料来源：中国重燃集团（2021）。

第二，构建产品开发流程。在确定总体架构技术的基础上，中国重燃围绕产品“市场分析、产品（技术）规划、技术开发、产品开发、产品交付及运行维护”全生命周期，在国内重型燃气轮机领域构建起首个端到端的自主产品结构化开发流程，包含 1 个顶层流程（L1）、5 个主干流程（L2）、4 个支撑（使能）流程（L2），其中主干流程中的产品开发（L2）流程贯穿全生命周期、涵盖有严密内生逻辑关系的 230 项母任务、3000 余项子任务。

第三，攻克材料关键核心技术。材料关键核心技术是开展产品正向研发的根本前提。中国重燃通过系统梳理发现，材料领域的关键问题是没有建立材料数据库，也未掌握材料制备技术。为此，中国重燃从 2018 年起快速推进材料数据库建设，根据设计需求形成需要补充测试的材料清单和测试方案，并制定材料测试、质量评估、数据处理等规范，随后开展 32 种材料、17 种性能的材料数据补充测试。2021 年 9 月初步形成国内首个支撑型号产品正向开发的重型燃气轮机材料数据库。

为攻克材料研制的关键技术，中国重燃从 2018 年 8 月起组织相关单位，共同开展等轴晶、定向柱晶、单晶母合金研究，经数十轮试验，成功攻克母合金纯净化冶炼与成分精确控制技术，工艺要求达到国际同等水平；2020 年 8 月，攻克转子用钢的超纯净化冶炼和热处理技术，完成高强超纯净合金钢轮盘锻造；2020 年 12 月，攻克大尺寸高温合金锭冶炼、棒材开坯和轮盘锻造技术，完成大尺寸高温合金轮盘锻造；2020 年 12 月，攻克粉体材料成分设计与制备技术，研发出新型热障涂层材料，满足透平叶片隔热性能和寿命要求；2021 年 3 月，攻克高温合金均匀化冶炼和宽板轧制技术，研发出燃烧室新一代变形高温合金（UGTC39），形成自主知识产权产品，突破国外限制。

第四，培育自主可控试验试制能力。中国重燃围绕“自主可控”目标，全力培育试验试制能力。一是边改边建、改建并进形成试验能力掌握试验技术。2018 年 9 月起中国重燃凝聚全产业链资源，对国内试验台架进行适应性改造。2019 年 1 月至 2021 年 9 月，中国重燃依托改造后的压气机多级试验台、燃烧室单筒性能试验台等多个试验台，累计实施 70 余项关键技术试验，形成系统级、部件级、零部件级试验规范，掌握了相关试验核心技术。二是从组织产业链优势单位联合攻关进行关键部件试制，开展透平动叶、透平静叶、燃烧室等 34 项试制工作，带动上下游全链条单位试制能力整体提升。2019 年 6 月，完成透平第一级静叶首件鉴定；2019 年 8 月，完成透平第一级动叶首件鉴定；2019 年 12 月，完成首套燃烧室试制；2020 年 12 月，透平第一级动叶热障涂层通过寿命考核。通过上述关键部件试制，国内产业链单位基本具备了保障型号产品正向开发的试制能力，标志着我国迈出突破国外热端核心部件技术封锁、实现重型燃气轮机自主化发展的坚实一步。

通过上述过程，中国重燃实现了 300 兆瓦级重型燃气轮机关键核心技术的正向追赶。

（二）中电科二十九所：北斗三号卫星对“卡脖子”技术的正向突破

北斗三号卫星在研制过程中，急需攻克“高精度捷变星间链路组网技术、高质量导航信号播发技术、大功率氮化镓固态功放技术和高精度时频产生与无缝切换技术”等 20 余项“卡脖子”技术。中电科二十九所以数字样机集成平台为手段，采取“需求导入为设计约束、功能导入为指标细化、技术导入为关键路径、产品导入为系统集成”的四导入机制，打造产学研融合新模式，实现最优技术方案快速突破，通过技术攻关和产品研制并举，推进新技术快速工程化（见图 5-9）。

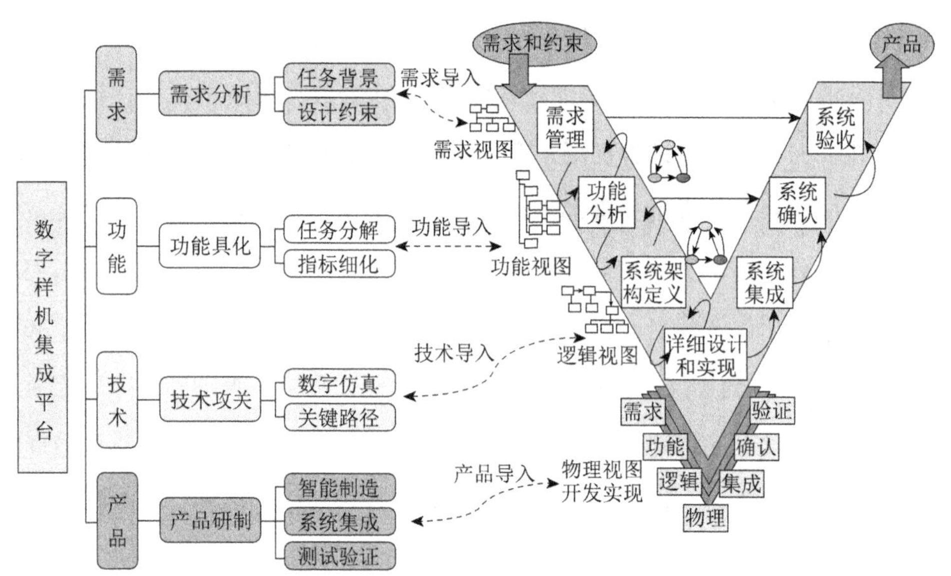

图 5-9 中电科二十九所数字化“需求—功能—技术—产品”创新导入机制

第一，打造数字样机集成平台推动技术快速迭代。中电科二十九所率先显性化构建航天多专业融合的系统级数字设计、协同仿真验证平台——数字样机集成平台。该平台将外部需求导入为技术输入、将多领域技术点集成为系统有机整体、将业务功能分解为具体性能指标体系、将技术攻关串行流程转换为并行快速推进，实现技术薄弱点提前暴露、系统性能提前展现；同时，聚合电路、PCB（印制电路板）、结构、热、工艺以及信号链构成多层次全维度的高精密仿真，助推新形态数（模）混合高集成度产品的设计开发进程；贯通从信号产生到天线播发的全链路仿真，加速不同场景下算法的优化与对比、嵌入与验证，挖掘多领域技术之间的内在关联性，择优选择攻关路径进行优化迭代，推动多个专业领域技术的快速迭代、融合和突破。

第二，产学研深度绑定快速形成最优技术方案。以最优技术解决方案为目标，中电科二十九所推动产学研融合管理新模式，快速解决北斗卫星总体技术、共性技术和各专业技术难题。在北斗三号系统方案论证之初，中电科二十九所面临着先进的相控阵体制和成熟的反射面体制两种方案选择，前者技术领先但不确定性很大，后者技术成熟，但存在工程实现代价大等缺点。中电科二十九所联合国防科大、中电科五十五所等单位组建产学研融合攻关团队，开展系统总体设计、技术可行性分析、原理样机研制和测试验证等全流程攻关，发挥高校深厚的算法优势以及军工央企在芯片设计、微电子制造和试验验证等航天工程化优势，历时 3 年 4 轮样机正反双向快速迭代，收敛星间链路组网的最优技术方案，成功解决星间链路组网技术攻关和载荷产品工程化的系统性难题，实现北斗导航系统星座的"一星通"和"星星通"的重大突破。

第三，技术攻关和产品研制并举实现快速工程化。北斗三号卫星载荷系统面临着技术方案不见底、技术状态不收敛等诸多技术难题，且研制进度要求快。中电科二十九所依托数字样机集成平台，形成跨单位多专业融合团队，并行推进技术和产品的交叉迭代和优化设计，技术攻关和产品研制人员高度交叠，识别研发过程中的关键节点和薄弱环节，实现技术的快速突破以及工程化。核心器件大功率固态功放的成功研制就是如此。基于氮化镓工艺的大功率固态功放因其非线性失真小、效率高，对于高质量导航信号播发具备先天优势，是世界各大导航系统竞争的科技前沿，但工艺尚未成熟，在国际上尚属空白。中电科二十九所联合相关单位启动兼顾技术先进性与产品工程化的专题攻关，在技术突破的基础上同步开展样件研制，样件测试结果支撑技术的下一轮突破。经过 7 轮技术与产品的迭代，中电科二十九所突破真空条件下高功率耐受、大功率发射条件下的氮化镓工艺、高可靠长寿命试验考核等一系列"卡脖子"技术，在国际上首创百瓦量级氮化镓固态功放技术，首次实现北斗三号卫星上的在轨应用与长时间寿命考核，技术水平达到国际领先。

（三）中电科三十八所：浮空器国产化的正向追赶

中电科三十八所浮空器国产化的正向追赶，是一种以国家重大课题实施为契机，以推动跨地区、跨领域、全产业链整合的研发体系建设为目标，围绕技术突破和生态构建两大难题，基于产学研用协同整合的追赶路径。

第一，进行“小核心、大外圈”的产业差异化整合。“小核心”以浮空器国产化创新联合体为载体，该创新联合体以浮空器平台和载荷关键技术突破和重点装备研制为目标，以科研院所核心人员团队为主导。中电科三十八所联合中国科学院、航天科工等5家科研院所，以及行业重点企业组建“1+5+N”浮空器装备国产化研制“国家队”，实现对跨行业优势资源的整合和研发能力的互补提升。

第二，主导构建产学研核心技术创新平台。中电科三十八所以承接国家重大课题为契机，发挥专业全的技术优势和装备多的市场优势，联合优势单位牵头组建联合创新实验室，打破“院”“所”围墙和技术“壁垒”，由分管所领导牵头、集团公司首席科学家、首席专家为核心，多领域技术骨干为主体，围绕平台载荷一体化、囊体集成智能化、缺陷无损检测等多个方向开展攻关，确保未来业务和技术主导权。

第三，制定统一技术管理标准。为加深产业链内部技术融合、实现关键技术突破，中电科三十八所建立了统一技术管理标准。一是从技术层面进行分类，从顶层对关键材料、飞行平台、有效载荷等领域进行大系统间的约定；二是加强共性技术开发规划，按系统、专业形成一系列共性技术和专用技术模块，实现技术、模块、子系统等研发成果的共享；三是在推进浮空器国产化研制与验证过程中，建立三条技术状态基线：功能基线、分配基线和产品基线。功能基线是研制合同、总体工程实施方案；分配基线是系统分配给关键材料的性能指标、设计约束条件、可靠性、维修性、测试性等，体现为研制任务书、工程实施方案、配套设备技术协议等；产品基线指规定加工、装配、调试、验收、试验、包装、架设等一系列要求的技术文件，如图纸、产品规范、调试细则、试验大纲等。

基于上述策略，中电科三十八所吸引了超过 200 家企业、院校加入浮空器产业链，构建了覆盖浮空器国产化基础理论、设计验证、批量生产和装机应用的全生命周期能力体系，突破了高校、研发机构、制造企业的行政、技术障碍，解决了预研基础缺乏、核心技术缺失、工业基础薄弱等诸多瓶颈问题，打破国外技术封锁，形成了一般技术、关键技术、核心技术模块和成果，取得了多项核心技术突破，完成了国产重点浮空器型号装备的研制。关键材料研制周期从传统 5 ～ 6 年缩短至 2 ～ 3 年，研制成本相比同行降低约 60%，国产化率从 55% 提升至 92%，材料级、部件级和整件级关键技术指标达到国内领先水平，经过多个批次的验证试验和产品迭代升级，国产化材料基本力学性能、工艺应用性能和综合老化性能已达到与对标进口材料的等效替代的技术状态。

二、基于技术原理的正向突破

针对“无人区”技术、基于技术原理的正向突破路径，是指从零开始进行探索迭代，从发现基础原理到生产工艺和材料配方突破，再到装备研制和最终的工程化落地、形成全套可行技术路线方案的关键核心技术攻关路径。

（一）国橡中心：基于橡胶材料基础理论发展与核心技术形成的正向突破

赛轮集团、软控股份探索出了以国橡中心为支撑、产业链和创新链深度耦合为破题、“橡链云”为串联的“121”产业链协同创新体系，涵盖橡胶产业基础研究、应用研究、工程化，以此实现轮胎领域关键核心技术的正向突破。

第一，开展基础研究和颠覆式创新研发。国橡中心的两个核心支撑单位塞轮集团和软控股份从成立之初便设立基础研究部和材料开发部，开展橡胶科学领域系统性、连续性的颠覆式创新研发活动，实现关键核心技术突破和基础创新能力提升。2013 年，国橡中心积极整合全行业资源，投入巨资在青岛市成立怡维怡橡胶研究院，引进国际著名橡胶专家王梦蛟博士任首席科学家，搭建了一支 200 多人的高水平研发团队，实验室面积 3 万平方米、设备原值超 2 亿元，是我国橡胶行业建设水平较高、仪器设备较全、服务范围较广、服务功能较强的科研机构之一。怡维怡橡胶研究院深耕基础研究，持续探索橡胶基础理论“无人区”，在国际上首次建立了完整的聚合物与填料相互作用及填充橡胶动态性能理论体系，为橡胶材料加工技术和绿色轮胎理论发展奠定坚实基础；系统性地研究橡胶硫化机理、老化机理、补强机理等，重点突破橡胶的动态性能、摩擦、磨耗、抗撕裂新能等关键技术指标，为轮胎及工业橡胶制品的开发提供坚实的理论支撑；突破传统理论下轮胎耐磨性能、滚动阻力、抗湿滑性能不能同时改善的“魔鬼三角”难题，被业界认为是世界橡胶轮胎工业第四个具有突破性的里程碑式技术创新。

第二，开展系统性应用研究连接关键技术。根据产业发展关键技术领域，国橡中心设立了四大研究领域的 8 个研究院、19 个研究所、55 个研究室，设置了材料机理研究、高分子材料开发、机械设计、自动化、电子信息等基础研究方向，并设置了橡胶新材料、智能装备、RFID（射频识别）电子标签、环保装备和绿色轮胎等应用研究方向。此外，针对国内关键技术需求缺口，以及国外对关键橡胶新材料的制约，各创新主体先后设立益凯新材料有限公司、抚顺伊科思新材料有限公司等应用研究创新中心，不断强化应用创新，增强源头供给。

第三，进行装备研制、破解进口依赖。软控股份成立软控研究院以及软控欧洲研发中心，针对轮胎行业大量依赖进口的轮胎重大装备进行技术攻关，在橡胶智能装备领域取得多项突破性技术成果，成功研制了 PS2A（半钢一次法成型机）轿车子午线轮胎智能成型装备、TPRO-S（全钢三鼓成型机）卡客车子午线轮胎智能成型装备等轮胎制造核心装备，解决了高端重大关键橡胶机械装备对外依赖度高的难题，入选工业和信息化部制造业单项冠军；研制成功全球首发 FAR20-S 全自动小料称量配料系统全球标准机型及橡胶行业首套专属软件产品 MCC3.0、智能橡胶装备研发平台（ROC）、MESIIC 工业互联网平台等；在国内首个成功开发了轮胎智能工厂整体解决方案，为行业提供高品质的产品和智能制造整体解决方案。各创新主体积极协作，保障关键技术及先进装备的高效量产，使原来投资 8 亿元仅建设 30 万套全钢子午胎的规模提升至 120 万套，并面向行业提供多项轮胎工厂“交钥匙工程”，大大降低了行业的投资和技术门槛。此外，软控股份主导成立中国轮胎智能制造与标准化联盟并担任理事长单位，主持制定橡胶轮胎行业智能制造的国家系列标准。

第四，在产业链内部开展工程技术成果应用。国橡中心产业链内部开展轮胎制造、成套装备、循环利用及信息技术等领域的工程技术成果应用，将工程技术研究成果通过在实际生产中的产业化试验、修正，保证工程技术的稳定性、系统性和配套性。最终通过新材料生产基地、装备产业园和轮胎制品产业化基地实现转化落地。在高性能橡胶材料方面，国橡中心自主开发多种橡胶基础材料制备技术并实现产业化，建成国内首套乙腈法碳五分离装置、国际首创了合成橡胶化学炼胶生产线，实现高性能异戊橡胶、“液体黄金”橡胶材料等关键材料的产业化，填补行业空白。在工艺技术方面，突破轮胎工厂数字孪生同步技术、复杂装备作业流程仿真技术、黏弹性物料生产的智能控制技术、工艺装备健康管理技术以及工厂智能物流规划等关键核心技术，形成具备自主知识产权的轮胎智能制造技术体系。同时，通过“橡链云”工业互联网平台实现上下游企业的数字化转型，做到供应链纵向上下游各环节间和横向多种功能之间互补。

国橡中心通过创新正向突破，在橡胶科学领域提出聚合物与填料相互作用机理、填充橡胶动态性能理论等多项原创性理论；国际首创了橡胶液相混炼技术，制备出超高性能橡胶纳米复合材料，可为不同行业提供关键材料保障；建立了具有完全自主知识产权的轿车子午胎、卡车子午胎、非公路轮胎三大成套制造技术体系，增强了我国现代橡胶工业体系自主可控能力；攻克了世界最大63英寸巨型轮胎、轮胎智能工厂整体解决方案、轮胎RFID电子标签技术等一批具备国际领先水平技术与产品；巨型工程子午胎居全球第三、国内第一，打破了长期以来巨胎由国外巨头垄断的局面；采用世界首创化学炼胶技术研发成功的“液体黄金”轮胎产品实现了对国际一线轮胎品牌的赶超。

（二）河钢集团：氢冶金及炼钢工艺流程结构的正向突破

面对长流程炼钢技术已接近热力学极限、难以大幅度降低碳排放的现实情况，河钢集团通过实施工艺流程结构性变革，推动电炉短流程、研发氢冶金等颠覆性技术应用，建成全废钢电炉短流程特钢厂、全球首例氢冶金示范工程和绿色化智能化新一代大型联合钢厂，开辟出降低碳排放强度的重要路径。

第一，推动氢冶金工艺技术研发。基于冶金原理特点，氢冶金被认为是未来实现近零碳冶炼的重要路径，与电弧炉工艺配合，可实现近零碳排放钢铁产品生产。虽然气基直接还原工艺是氢冶金目前最成熟且减碳效果显著的工艺载体，但还原气体资源（例如天然气、氢气）缺乏和较高的成本一直是难以解决的限制因素。河钢集团与技术、工程、高校合作伙伴一道，率先探索使用中国丰富的富氢焦炉煤气资源，在中国建设了全球首例基于富氢气体（焦炉煤气）零重整直接还原工艺的 120 万吨氢冶金示范工程，大幅降低了碳排放量，为中国钢铁行业提供了示范。2021 年 5 月项目启动；2022 年 12 月 16 日，示范工程一期全线贯通；2023 年 5 月，正式实现安全顺利连续生产 DRI（直接还原铁）产品。

河钢集团氢冶金示范工程首创“焦炉煤气零重整竖炉直接还原”工艺技术，可实现炼铁工艺流程近零碳排放；与同等生产规模的传统“高炉＋转炉长流程”工艺相比，每年可减少 80 万吨、约 70% 的碳排放。该项目形成“氢冶金直接还原关键技术与示范”等 6 项科技成果，成功入选《国际氢能领先技术成果册》，拥有《全氧富氢低碳还原熔化炼铁系统及炼铁方法》等 44 项氢冶金专利，启动编制国家及行业相关标准 7 项。2023 年 5 月 31 日，中国钢铁工业协会发来贺信，祝贺河钢集团全球首例 120 万吨氢冶金示范工程一期圆满成功。贺信称：“这是氢冶金关键核心技术创新的重大突破，是中国钢铁史乃至世界钢铁史上由传统‘碳冶金’向新型‘氢冶金’转变的重要里程碑，引领钢铁行业迈入‘以氢代煤’冶炼‘绿钢’的时代。”

第二，突破长流程工艺建成世界领先长流程绿色钢厂。首次从长流程工艺设计层面，运用冶金流程工程学原理，以物质流、能源流、信息流的最优网络结构为方向，运用最新的钢厂动态精准设计、冶金流程学理论和界面技术，将河钢集团下属公司唐山钢铁集团有限责任公司打造成为环保绿色化、工艺前沿化、产线智能化、流程高效化、产品高端化的世界级现代化沿海钢铁工厂，开创长流程低碳转型、绿色化生产的新路径。编制《钢铁工业绿色工厂设计规范》《钢铁工业绿色园区标准》等文件，建成钢铁绿色技术指标体系及技术数据库；在新区整体布局设计中，提出物质循环、能源循环及废弃物资源化循环深度融合的绿色钢厂设计理念，实现过程排放最小化；全流程应用130多项绿色制造技术，实施钢铁行业多工序多污染物超低排放控制技术，污染物排放比行业超低排放标准再下降10%；实施全工序节能降碳技术，建成全流程能源管控系统和转换体系，自发电比例提高到85%以上，吨钢比传统长流程减少二氧化碳排放21%；水重复利用率98.5%以上，实现固废减量化、100%资源化利用。

第三，通过技术集成建成国内首家全废钢电炉短流程特钢厂。河钢集团结合工业化进程的加快推进和废钢资源逐步积聚，集成应用70多项国际先进的节能减排技术，积极发展“废钢—电炉”短流程炼钢，建成国内首家“全废钢电炉短流程”绿色低碳特钢企业——石家庄钢铁有限责任公司特殊分公司（以下简称石钢公司），以废钢为原料，以电和天然气为主要能源，实现零煤、零焦清洁生产。河钢集团是行业内首家采用分质盐结晶技术实现浓盐水资源化的企业，达到废水零排放。在生态环境部2022钢铁行业绿色发展水平评估中，石钢公司获得最高级别的“绿色发展领先水平”评价。

基于炼钢工艺结构的正向突破，2016年以来河钢集团累计投资305亿元，实施500余项重点节能减排项目，攻破一大批颠覆性、示范性、关键性技术。建成了国内首台套大型双竖井废钢预热型超高率直流电弧炉，各项绿色指标达到国际领先水平；首创亚熔盐法高效清洁利用等技术研究，解决了固废处理、末端治理等世界性难题。通过装备国产化和自主技术集成，打破了国外技术垄断，在行业内具有复制推广价值。

三、基于工艺技术和工程化的正向突破

这是指在技术原理搞清楚的情况下，通过新型举国体制方式突破工程化应用和规模化生产中关键核心技术瓶颈的正向实现路径。

（一）国家电网：基于特高压直流输电原理级核心技术突破的正向路径

虽然特高压直流输电技术原理已经阐明，但要在中国这样大跨度、多种地形条件的超大区域范围内实现特高压直流输电，工程化本身有大量技术难题需要突破。国家电网在开展特高压直流输电重大工程时，认识到必须坚持“电网—直流—设备”交互式成套创新路线，才能实现整体突破。为此，项目总体部制定了“基础理论—关键技术—系统集成—示范工程—推广应用”的技术攻关总路线。

第一，全面规划特高压直流关键技术研究。国家电网坚持以用为本，聚焦工程全链条技术需求，在充分调研工程建设技术需求的基础上组织编写《±800千伏特高压直流输电工程关键技术研究框架》（见图5-10），按照“路线图”“责任人”“时间表”“路线图”四要素，系统描述关键技术研究各阶段的研究课题、研究内容、研究目标、完成时间，规划出前期研究、成套设计、运行技术、直流关键设备研制和试验研究能力五大模块，部署91项课题。

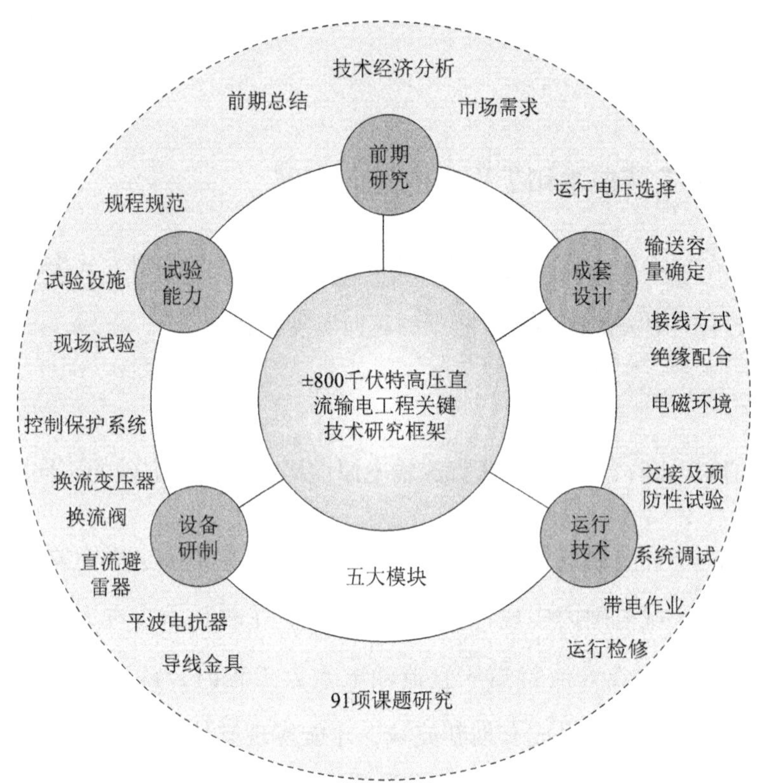

图 5-10　特高压直流工程关键技术研究框架

第二，采用分类管理、精准施策方法推动三类研究。基础研究用来发现全新电压等级导致的新规律、新机理，国家电网充分尊重一线科学家意见，科研进度、科研经费灵活调整，打破行政隶属关系的限制，组织跨部门的攻关团队，保持核心团队的稳定；应用基础研究用来解决“量变导致质变”的新技术，采用集团会战的模式。项目总体部组织大会战，一是投入充足的人力资源，开展多方案同步比选、同步验证；二是投入试验资源，开展大规模的仿真验证和等效试验，进行全面的技术经济性对比，确定技术上合理、经济上合算、研制周期短的最优方案；应用技术研究面向的是新设备安装、新构筑物搭建、新系统调试的实用化方案，采用“问计于民”的管理思路。依托一线工程师的经验和智慧，广开言路，头脑风暴，发挥集体智慧、群众智慧。

第三，推动科研与工程的快速、紧密迭代。为实现科研与工程的快速迭代，针对工程建设进度和工程需要，国家电网先后下达37项工程专题，对工程设计、主设备研制、设计工作、设备研制、工程施工建设及调试试验中的新难点、新问题及时开展研究，形成有针对性的研究结果。此外，国家电网为提高直流系统可靠性和可用率，充分发挥预验证作用，对控制保护系统整体结构、控制策略、分层及冗余、控制功能的分配及保护配置等进行全面研究，搭建实时数字仿真系统动态模拟试验平台，提前开展特高压直流工程控保系统联调试验验证控制保护整体性能和成套设计方案的正确性。

基于正向技术攻关和成套创新突破，国家电网在世界上率先全面掌握特高压直流输电核心技术，研制成功全套设备，建立全套技术标准体系并通过工程实践检验。申请特高压直流输电技术专利248项，获授权122项，发布62项特高压直流技术企业标准，发布和立项行业标准8项和国家标准1项。推动成立IEC（国际电工委员会）高压直流输电技术委员会（编号为TC115），并将秘书处设在国家电网公司，提高了我国在世界高压直流输电标准领域的话语权和主导权，主导编制4项国际直流标准，2名公司系统专家成为CIGRE（国际大电网委员会）直流顾问组成员，多名公司系统专家成为IEC国际标准工作组发起人或成员。被CIGRE等权威国际组织认为是“电力系统技术发展的重要里程碑”，“给出远距离清洁电力供应技术挑战的答案”。

（二）中复神鹰：工艺自主化与装备国产化并行的正向突破路径

工艺自主化和装备国产化是碳纤维自主保障的关键，中复神鹰在突破干喷湿纺技术的过程中，采取了加强技术与设备研发同步的方式。

第一，坚持实施对标管理。基于国内碳纤维发展的实际，中复神鹰与世界上最先进的碳纤维企业进行对标，在技术、工艺、性能、产量、能耗、物耗、收率等各项经济技术指标上进行系统化细致化对比分析，积极寻找差距确定目标，制定赶超措施持续改进。当个别指标暂时居于同行领先水平时，便把当前指标作为基点，再确定新的奋斗目标，持续改进保持指标领先。

第二，工艺开发和设备改造升级。2009 年，中复神鹰成立了攻关小组开展项目研发攻关工作，在企业最早建立的年产 500 吨原丝生产线上进行工艺开发和设备升级改造，开展干喷湿纺聚丙烯腈基原丝的试验，积累了大量的试验数据，通过对实验结果的精细化的规律分析，取得了大量的科研成果，掌握了高性能碳纤维生产大量技术参数。

基于上述举措，通过精益化的管理、持续改进，中复神鹰在国内率先实现了干喷湿纺的关键技术突破和核心装备自主化，成为国内第一家、世界第三家自主掌握干喷湿纺技术的企业，建成了具有完全自主知识产权的千吨级干喷湿纺碳纤维产业化生产线，整体达到国际先进水平，成功打破了国外技术和装备垄断，基本实现碳纤维自主。

（三）无锡一棉：特高支棉的规模化生产关键技术突破

无锡一棉虽然是国内首个研制出国际上最细的 300s 紧密纺纯棉纱的厂商，但特高支棉技术一直停留在试验室阶段，成台细纱机纺制存在车速低、质量数据较差和用料消耗大等问题，在特高支纱规模化、产业化方面还有较大差距。为实现特高支纱规模化、产业化，企业亟待解决市场开发、关键设备研发、纺制核心技术突破、管理模式创新等系列难题。

第一，紧盯国际纺织特高支纱前沿技术，建立研发平台。无锡一棉引入曾经获得“中国纺织技术带头人”称号的周晔珺出任研究院院长，引进国内纺织前沿的高技术人才，抽调具有丰富实践经验的技术人员组成纺织研究院。研究院下设新材料应用及新产品研发、纺织科技情报及新技术、纺织智能制造、纺织绿色生产四个研究室和一个研发车间。研发车间是一个全流程智能化纺纱车间，占地面积6000平方米，拥有性能精良、数字监控完备的智能化设备，成为研究特高支纱线的试纺和实践基地，为特高支纱规模化生产打下坚实基础。中心实验室购置了用来检测从原料到成品的国际一流的纺织测试仪器，占地面积250平方米，专门用于特高支纱布试验检测分析。研究院紧盯国际纺织特高支纱的前沿技术，围绕紧密纺特高支纱纺制技术、纺制工艺、关键设备和关键器材等方面开展研究和攻关，重点在优选原料、优化工艺、优选专件器材等方面展开，为特高支纱规模化产业化奠定了坚实的基础。

第二，突破“卡脖子”瓶颈，研发特高支纱核心纺制技术。无锡一棉持续研发特高支纱核心纺制技术，取得关键性的突破。一是研发细纱机高倍牵伸技术。经过大量实验，无锡一棉将后区罗拉牵伸改为皮圈牵伸，同时优化设计前区牵伸器材，并合理分配各区牵伸倍数，在国产细纱机自主开发了四罗拉四皮圈高倍牵伸装置，解决了特高支非伴纺成纱均匀度差的难题。二是研发特高支纱专用集聚纺技术。无锡一棉研发了适用于特高支纱生产的专用集聚纺技术，解决了因须条纤维集聚不充分而导致纱线毛羽恶化的难题，通过优化异型管的槽形设计、对网格圈表面特殊处理和加大网格圈目数，开发出适用于特高支纱生产的专用集聚纺装置，满足了特高支纱减少毛羽的要求。三是研发特高支纱初捻段捻度增强技术，创新性地在环锭纺细纱机的纺纱初捻段设置了细纱假捻装置，缩小成纱三角区，快速提升初捻段的成纱捻度，促进了初捻段纤维相互抱合，提高了初捻段的成纱强力，有效地降低了纺纱断头。采用该技术还可适当降低纺纱捻度，进而降低能耗和提高单产。四是研发显微镜分析优选纤维技术，解决了特高支选择原料的方法。由于特高支纱截面纤维根数非常少，纤维之间的抱合力和摩擦力都很小，抱合力差使得在纺纱过程中纤维极易被机件带走，摩擦力小使得纱承受拉力时纤维之间容易滑脱。运用新研发的技术后，单纱强力提高 7% ～ 10%，质量品质好，达到批量生产的要求。

第三，攻关特高支纱纺制关键设备和关键器材。国际国内纺纱设备制造商近几年制造生产的设备虽然自动化程度有了较大的提高，但这些设备有的不适应特高支纱的纺制，为此只能走自主研发的道路。无锡一棉从战略高度运筹关键设备关键器材的攻关和研发工作，坚持不懈地予以推进，攻克了一系列难题，取得了一系列科技成果并得以转化，形成产品和样机。例如，网格圈的生产设备和网格圈成品。网格圈是紧密纺的关键器材，其对纤维的集聚作用显著，减少了成纱毛羽、提高了强力和耐磨性，对特高支纱的纺制尤为关键，经过潜心研究，成功研制了网格圈生产设备，并研发了专门用于特高支纱的几种规格的网格圈，完全实现了自产自用，冲破了特高支纱关键器材的技术难关。

第四，聚焦数智改造，打造智能化特高支纱生产线。为实施特高支纱产业化，无锡一棉于 2017—2018 年完成长江纺纱车间 13.5 万锭全流程智能化数字化改造，2019—2020 年完成扬子江纺纱车间 12.5 万锭全流程智能化数字化改造，推进智能制造装备关键技术及各管理系统等在企业应用集成，建成以智能工艺装备群为基础的网络化连通的纺纱数字化生产线，通过生产数据的自动化采集及生产信息双向追溯，以及信息流与物流协同管控，达到以精益、精确、精准为核心的集成制造执行运行效果，在纺纱制造领域率先建成全过程、全业务智能协同管控平台和实现特高支紧密纺纱智能工厂新模式应用示范，为特高支纱的规模化产业化打下坚实的基础。

一是引进国内外最先进纺纱智能化设备。在“清梳联→预并→条并卷→精梳→精并→粗纱→细纱→络筒→打包”的生产流程中，选用国内外先进纺纱智能设备，包括清梳联合机、异纤除杂机、自动条并卷机、智能精梳机、全自动并条机、自动落纱粗纱机、集体落纱细纱机、自动络筒机等，单台设备的自动化和智能化水平处于国际领先水平。

二是构建物流自动输送新系统。棉花纺成纱要经历许多工序，工序与工序之间的衔接是一项重要工作内容，原来的衔接工作主要是人工运输为主，工人劳动强度高工作效率低，且中间的半制器储备量多。无锡一棉吸收先进的物流智能技术，使用传感器、条码、射频识别、工业机器人、自动导航和数据库等技术实现各生产工序之间的互联互动，包括条筒输送和存储、棉条自动接头、管纱输送和存储、筒纱自动输送码垛和产品打包。通过自动化设备实现内部物料的自动转移，减少人工使用，实现纺纱生产流程中物流的智能化配送。

三是设备互联互通采集数据。整体架构如图 5-11 所示，三层架构分别是数据感知、数据网络和数据应用，感知层获得设备的各种信息并实现协议转换，网络层进行数据传输，数据应用层实现数据的接收、存储，为 MES 和 ERP 系统提供数据，其中数据网络层在车间主干网络采用光纤环网。系统覆盖了两个车间共计 26 万锭全流程设备，15 万个以上的数据采集点，涵盖的设备从清梳联、并条、精梳、粗纱、细纱到络筒工序的纺纱设备、车间物流设备、纱线在线质量检测装备电子清纱器、细纱单锭检测设备，以及除尘、空调和照明等辅助设备。

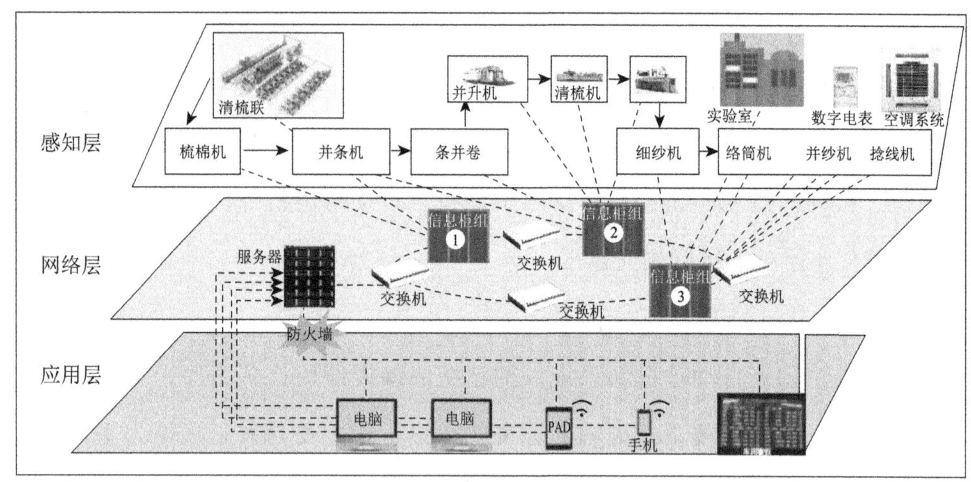

图 5-11　智能纺纱生产过程现场数据采集系统架构

第五，开发 MES 生产管理系统。无锡一棉在开发数字化管理系统过程中，充分利用许多纺机设备自带的数据管理系统，这些纺机本身系国际一流的生产厂家，在纺机领域深耕多年，其数据管理系统又经过多次迭代升级，有功能强大、监测数据齐全、控制手段完善等特点，如条卷机、精梳机、并条机的蛛网监控系统、梳棉机的特吕茨施勒 T-DATA 数据管理系统和络筒机的络飞 TOP 在线监测系统。

通过以上正向突破路径，无锡一棉特高支纱产业和销售逐年提升，纺纱车间的智能化改造数字化转型取得明显成效，与 2016 年相比产量提升 25%，生产效率提升 30%，不合格品减少 18%，折标吨纱用电降低 10%，运行成本降低 22%，工人劳动强度降低 60%，万锭用工 10 人以内，用工成本降低 40%，成效非常显著。万锭用工 10 人以内的水平，达到了世界纺织企业的最好水平，彻底甩掉了传统纺织业劳动密集型的帽子。特别是 2022 年特高支纱销售收入达 53069 万元，销售利润率达 15.32%。

赋能特高支纱生产，市场占有率全球第一。无锡一棉生产的100s、120s、160s、180s、200s、220s、260s、300s特高支纯棉纱，满足国际上顶级奢侈品服装品牌和国内消费不断升级的需求，成功配套国际高档服装面料和家纺产品，与HUGO BOSS、BURBERRY、ARMANI等著名品牌、一流企业对口链接，成为世界顶级的色织、针织面料用户的供应商，被欧洲客商誉为全球最优秀的棉纺织工厂之一。无锡一棉特高支纱的产量和销售收入逐年提高，实现了特高支纱产业化规模化的目标，目前世界上最细的纯棉300s纱线常年生产。经中国棉纺织行业协会市场统计，企业特高支纱的市场占有率连续多年名列全球第一，成为高档纺织品细分领域的单打冠军。

四、基于新型研制模式的正向突破

这是指通过研制模式和手段的创新，实现对关键核心技术的突破。这种模式没有诞生新的技术路线，但新型研制手段的应用，会加速对关键核心技术的突破。比如，南京玻纤院在玻璃纤维研制过程中采用了“数据驱动”方法实现对玻璃纤维新成分的正向突破。

南京玻纤院面对中国高性能玻璃纤维在新成分开发和应用上与国外发达国家的差距以及关键材料的“卡脖子”问题，在高性能玻璃纤维的材料基因技术研发中，有别于传统的“逆向”仿制研发，采取以数据驱动开展材料创新的“正向”研发路径（见图5-12）布局行业关键共性问题的基础研究，通过协同内外部优势资源实现高性能玻璃纤维新成分的加速开发和应用。

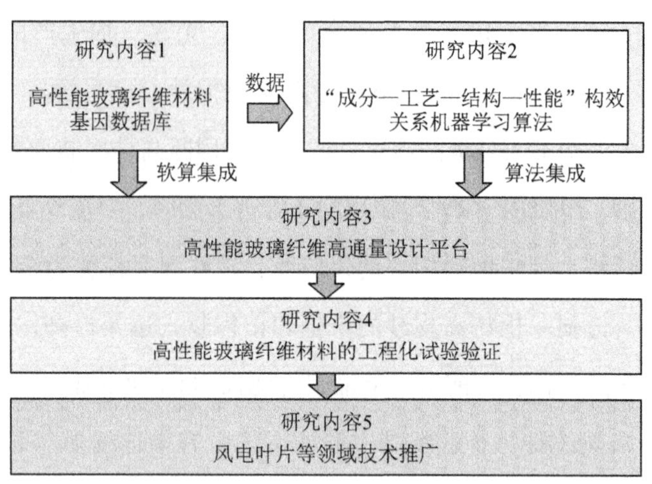

图 5-12　南京玻纤院基于数据驱动的高性能玻纤材料正向研发

第一，构建高通量计算模型。南京玻纤院建立基于数据驱动的玻璃纤维成分—工艺—结构—性能的高效计算方法，构建“高通量计算方法—玻璃纤维数据库平台—多参量多目标集成设计”三大核心研发能力。例如，针对高性能玻璃纤维材料研制的共性问题，南京玻纤院材料基因团队通过分子模拟和机器学习方法，采用物理模型驱动和数据驱动相结合的材料研发模式，突破高性能玻璃纤维关键性能的高通量计算技术，探寻材料结构和性能之间的构效关系。该技术可以针对玻璃材料的复杂物理机制，基于数据驱动的方法建立玻璃纤维化学元素—工艺—性能的统计映射关系与定量模型。通过预测玻璃纤维的模量、密度、介电常数等关键性能，以及材料在加工过程中的关键工艺参数，实现性能与工艺的模拟、调控及设计，打通理论计算、实验室验证和工程化验证的全链条研发路径。

第二，搭建“多源异构”数据库平台。南京玻纤院拥有世界一流的玻璃纤维研发条件，涉及高性能玻璃纤维成分研究、小试和中试、测试与标准化、行业工程服务等，多年来在设计和开发过程中积累了大量有关玻璃纤维配方、性能和生产工艺的数据。通过对这些数据的收集整理，南京玻纤院材料基因团队开始建设高性能玻璃纤维多源异构数据库平台，实现关键产品性能和关键工艺参数的多模态数据融合和交互。截至 2022 年，以材料基因研究为基础开发的玻璃纤维数据库平台收录了 25 万条有关玻璃组分和性能的数据，覆盖商业化应用的玻璃纤维全部性能，彻底打破国外数据封锁。

第三，基于一流试验平台打通工艺路线。南京玻纤院从玻璃纤维用于生产的原材料的质量稳定性把关到试验设备研制搭建，细化每个试验环节工艺与装备管控。基于特种玻璃纤维国家重点实验室和多小平台项目建设，组建特种玻璃纤维研发与小、中试验开放平台，平台设有玻璃纤维单孔拉丝设备和多孔拉丝等试验装置，为高性能玻璃纤维拉丝工艺性能研究提供必要的试验条件，研制推出系列高强玻璃纤维产品。南京玻纤院还对相关技术进行集成创新并构建了特种玻璃纤维一步法制造平台，进一步打通工艺路线，解决了多品种高强玻璃纤维柔性制造难题，实现了特种玻璃纤维工艺与应用性能的良好匹配。

基于上述方法，南京玻纤院在国际上首次将材料基因技术与玻璃纤维研发设计及生产工艺相结合，填补了高性能玻璃纤维领域研发空白，开发了玻璃纤维成分设计的高通量计算软件系统，推动高性能玻璃纤维研发周期从 10 ～ 15 年缩短至 3 ～ 5 年，研发效率大幅提升。

第五节

企业践行新型举国体制的能力要求

企业践行新型举国体制突破关键核心技术必须具备一定的能力、满足一定的条件，否则既“无心”也“无力”做这件事。基于案例调研我们总结出企业需要具备五大能力：深度认知力、技术架构力、快速工程力、协同约束力、数字赋能力。

深度认知力是牵头企业对新型举国体制突破关键核心技术背后规律和独特价值的深刻理解，以及对自身资源条件和传统模式弊端的清醒认知，解决的是企业的“意愿”和“动力”问题；

技术架构力是作为牵头单位对拟攻克的关键核心技术有总体的正向设计和单项任务的分解能力，具有通过研究探索描绘整体技术路线图、确定总体技术方案的能力，解决的是“技术”问题；

快速工程力是牵头企业具备打破“科研—工程”形同“两张皮”顽疾，将科研成果快速工程化的领先意识、成套机制和落地模式的能力，解决的是“执行”问题；

协同约束力是牵头企业具有动员号召外部创新主体和产业化主体、协同约束产业链资源的强贯穿力，有“拿得住”外部主体和资源的方法，解决的是高效利用“资源”问题；

数字赋能力是牵头企业在当今时代具有成套的数字化解决方案，并借此提升从原理突破到工程化、从数据挖掘到链接资源全过程的精准加速能力，解决的是“效率”和“精准”问题。

一、深度认知力：构建新型高效研制体系强意识

油气重大专项参与单位在立项之初就充分意识到，大型复杂创新工程管理难度为世界所公认，我国尚缺乏企业主导类似工程的经验，而管理对项目的成败又起着关键作用，因此必须探索相适应的管理模式和方法。此外，当时国内油气产业战略性关键领域内的核心技术共研、共享体系尚未建立，国内油气科技界仍存在彼此分割、相对独立、各自为战的“作坊”式研发状态，企业、高校、研究院所之间存在壁垒，科研人员的主观积极性激发乏力。油气重大专项实施面对项目组织管理层级多和参研单位数量多的管理挑战，参加企业和高校院所多达200余家。不同类型组织的目标不同，例如参研的研究院所和高校关心的是探索新理论新，研究人员重视学术成果，关注论文发表；企业重视产业发展和经济效益，这也是产学研联合的普遍难点，对于重大专项来说是绕不开的坎。众多不同类型的参研单位在科研管理制度、项目组织方式、科研经费管理等方面也存在较大差异。油气重大专项肩负的重大使命和科研攻关创新环境现状之间的矛盾，需要形成破除壁垒、多方参与、高效协同、补位合作和错位竞争的新型举国体制。

中国兵工 202 所发现，“开放融合”“军民通用、民技军用”已成为世界军事强国提升军队和装备战斗力的普遍做法。中国兵工 202 所将开放融合发展作为研究所中长期发展战略，确定了面向未来战争、对接实战需求、加快形成内外融合、开放共享、产学研一体发展，贯穿作战、装备、技术、能力与基础“创新链”，具备“小核心、大协作、专业化、开放型”的新型举国体制特征。

中国航发在成立后意识到，受起步晚、起点低等因素影响以及体制机制的边界要求，航空发动机“设计—试验验证—修改设计—再试验”反复迭代的串行研制模式和“依靠实物试验暴露设计问题”的传统思维没有改变；研发技术储备不充分、研发效率和产品质量成熟度不高、高层次人才队伍不成熟、部分关键核心技术“卡脖子”等问题依然存在，设计所与承制厂分离，设计环节与制造环节信息不易及时共享，“从立项到性能达标慢、从达标到首飞慢、从首飞到定型慢”的“三个慢”问题严重制约着自主研发和制造生产。构建新的研制管理模式，已成为加快产品研制步伐的当务之急。

二、技术架构力：全面正向的技术架构能力

新型举国体制要突破的是关键核心技术，而且通常是复杂技术系统（产品），牵头单位必须具备一流的技术架构能力，才有可能有效牵引各技术攻关方形成合力实现突破。同时，这种技术架构能力必须是一种全面正向的技术架构能力，“全面”是指从整个技术系统的考虑而非单个元件或部件，“正向”是指从科学原理到工艺技术再到工程化的过程。

航天材料研究所的技术架构力体现在顶层规划设计中（见图 5-13）。该所以总体目标为牵引，坚持“近期急需方案闭合、中期攻关全面突破、远期技术持

续领先”，顶层规划包含“五类材料和四类技术”（“九大关键技术领域”）的新一代航天材料核心技术体系的主体目标图像，通过对基础科学问题的辨识、攻关实施路径的设计、试验考核项目的策划、原材料及工艺装备的梳理，在“基础理论研究、关键技术攻关、试验考核验证、保障条件建设”四条主线中分阶段并行推进研究—研制—试验，实现材料技术能力螺旋上升。同时，充分发挥材料工艺的关键核心优势与作用，指导实施正向研发，在飞行器结构防隔热系统总体方案的顶层策划、关键指标论证、工程产品设计、风险辨识与控制等环节提供方向性的指导意见，综合平衡设计使用需求、材料综合性能、工艺实现水平、一定阶段的能力条件等，决策制定满足各阶段、不同任务需要的最优材料技术方案，为工程制造效率、效益、质量的全面提升夯实基础。

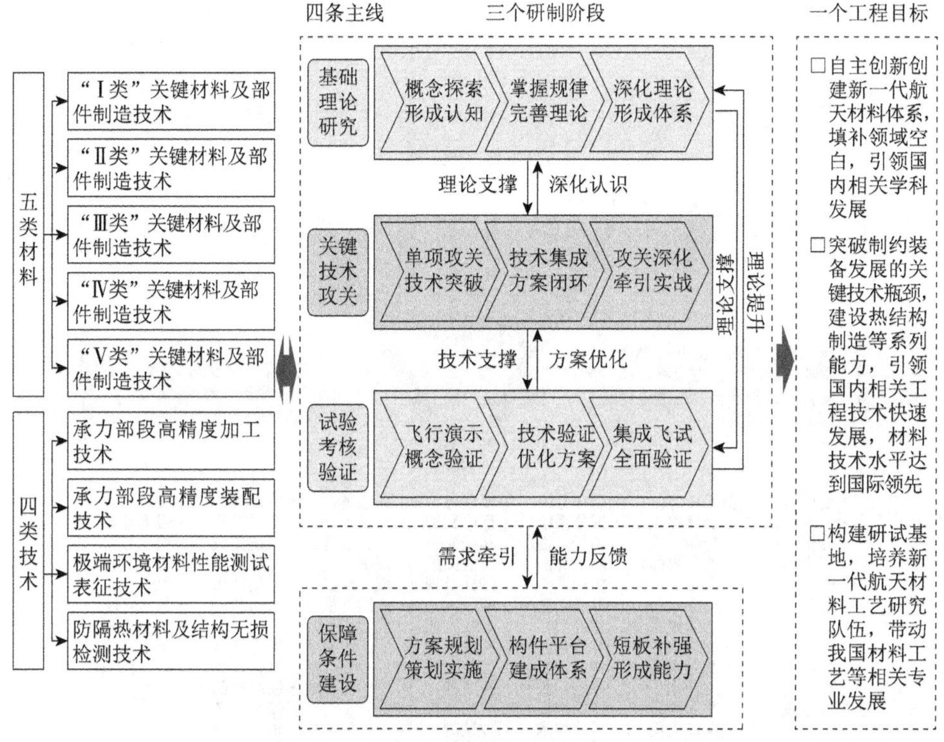

图 5-13 航天材料研究所材料核心技术体系框架与四条任务主线逻辑关系

中国重燃遵循逐级向下分解设计、逐级向上验证的“V形”逻辑，攻克总体架构技术（见图 5-14）。一是全面分析产品需求形成产品需求规范，随后由总体性能、总体结构牵头，各相关专业参与，自顶向下分解燃机部件设计指标和结构设计边界；二是按部件设计要求向下分解对应零部件的设计指标及要求，开展零部件设计、优化调整等工作；三是从零部件、部件、系统逐级向上开展试验验证，最终完成产品验证，形成重型燃气轮机从需求到产品实现的总体架构技术。

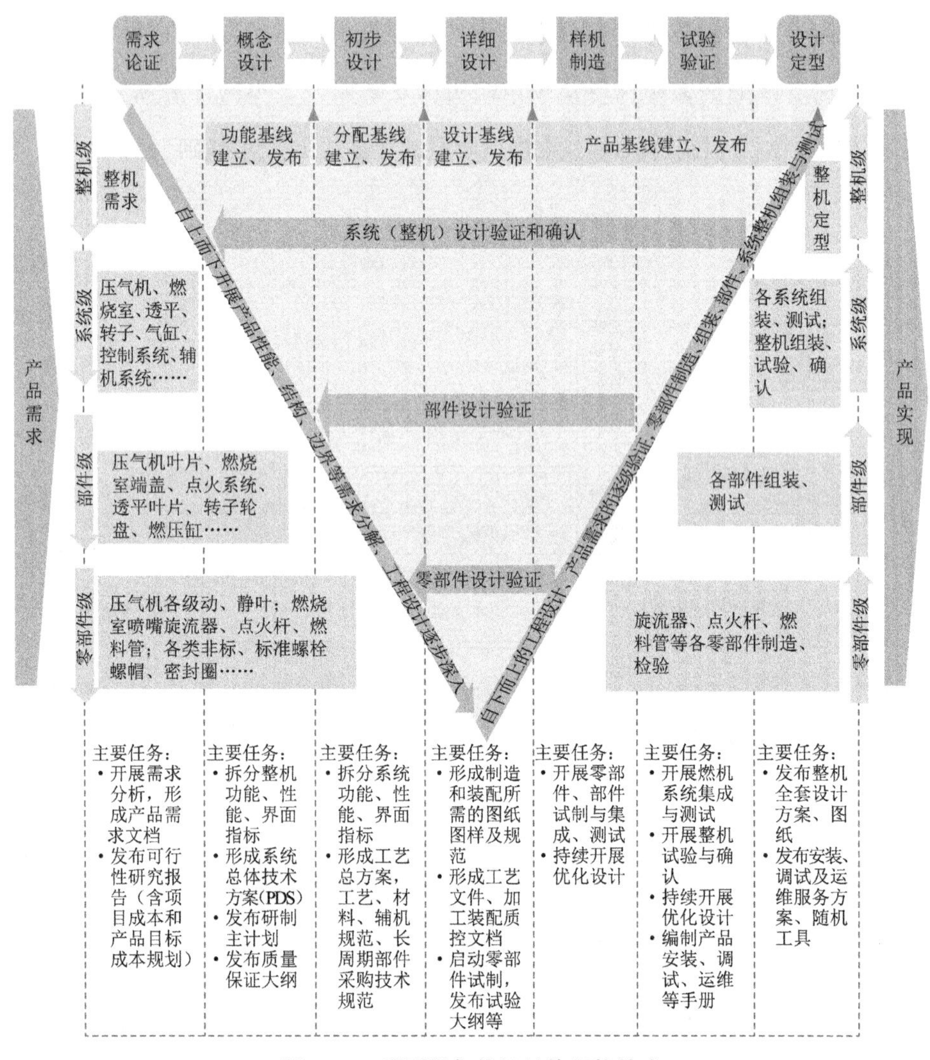

图 5-14　重型燃气轮机总体架构技术

三、快速工程力："科研—工程"一体化能力

从科学到工程的快速一体化能力，即"科研工程化能力"是指不仅要具备科研能力，还要有工程化能力，更重要的是要有把两者快速整合起来的能力，核心逻辑是将科学家思维、工程师思维结合起来，"顶天"又"立地"解决问题。科学家经常会通过发散思维，天马行空地提出解决问题的新颖方案，但最后却很难收敛到后端工程化上，导致"科研—工程"形同"两张皮"，创新不收敛是导致"卡脖子"技术的重要原因之一。践行新型举国体制能力的企业，必须一方面遵循科学规律，另一方面将科学研究和工程化紧密结合，形成一体化能力。

中国重燃提出"科研工程化"的新型科技攻关模式，即运用工程思维及方法，对重大科技攻关项目进行有效管理，实现"有组织创新"，完成专项任务；同时肩负产业工程化使命，打通从科研院所"原理突破"到制造企业"产品量产"之间的创新链条，带动国内重型燃气轮机产业技术水平整体提升。

以"科研工程化"为指导理念的新型科技攻关模式主要特征为：一是科研内核、工程驱动，即以"工程方法"为驱动，在尊重科研活动客观规律的前提下，夯实技术状态、质量、进度、成本项目管理四大要素，强化系统性、结构性、可控性，推动所有参研人员将注意力集中到型号产品开发主线上，共同对最终结果负责。二是架构引领、系统集成，即以"系统工程"为视角，以掌握总体架构技术为前提，面向原理突破、研发设计、试验试制、运行维护等全生命周期，聚焦各部件技术耦合关系，通过系统集成实现客户确定的性能目标，保证重型燃气轮机安全、稳定、可靠运行。三是链条贯通、整体提升，即以"工程思维"为指引，发挥企业"出题者"作用，构建一套符合市场规律的组织方式，构建头部企业牵引、高校院所支撑、各创新主体相互协同的创新联合体，

贯通从科研到产业化的全链条资源，带动产业技术水平整体提升。在科研工程化的思路指导下，中国重燃在研发流程化过程中设定明确的工程考核指标，科学家可以发散思维天马行空地寻找问题答案，但最后提交上来的必须是满足要求的研发成果，要跟后端的工程化紧密衔接。

中电科二十九所在北斗三号的研制过程中，采用技术攻关和产品研制并举的方式，推动新技术快速工程化。在研制过程中，中电科二十九所形成跨单位多专业融合团队，并行推进技术和产品的交叉迭代和优化设计，通过“多方举证、多维评价、集智决策”机制，推动技术攻关和产品研制人员高度交叠，识别研发过程中的关键节点和薄弱环节，实现技术的快速突破以及工程化。例如，在核心器件大功率固态功放的研制中，中电科二十九所发现基于氮化镓工艺的大功率固态功放具备先天技术优势，但工艺尚未成熟。于是，中电科二十九所联合相关单位启动兼顾技术先进性与产品工程化的专题攻关，在技术上实现突破的基础上同步开展样件研制，样件测试结果支撑技术的下一轮突破。经过 7 轮技术与产品的迭代，突破真空条件下高功率耐受、大功率发射条件下的氮化镓工艺、高可靠长寿命试验考核等一系列“卡脖子”技术，在国际上首创百瓦量级氮化镓固态功放，并首次实现北斗三号卫星上的在轨应用与长时间寿命考核，技术水平达到国际领先。

油气重大专项实施过程中，依据最终需求组建产学研用一体化协同攻关团队，设立“工程技术系列”攻关课题，专门针对上游工程技术中存在的“卡脖子”环节进行技术攻关，并通过创立示范工程落实成果转化应用。示范工程旨在将理论创新、关键技术和重大装备进行先试先行，建立了科技攻关项目与示范工程有机衔接的“研究—示范—产业化应用”一条龙的模式，做到“四个注重”：一是注重与前期研究成果的对接，避免重复研究；二是注重与关联技术在时间上的对接，确保研究成果及时应用于示范工程；三是注重与实施过程中的示范效果对接，确保分阶段目标的实现；四是注重与任务、人员等方面的对接，确保项目与示范工程的高效运行。

大庆长垣特高含水油田提高采收率示范工程，通过建立“一目标、两联合和三共享”的协作机制，实现了研究项目的理论技术与现场应用紧密衔接与互动，通过专项实施，建成了特高含水老油田提高采收率、低渗—特低渗油气田开发、煤层气开发技术和页岩气开发等35项示范工程，促进了重大技术的集成、配套与示范，为高含水老油田攻克提高采收率技术难题、促进科研成果向生产力的快速转化提供有力保障。

“海洋石油981”设计工作采取产学研用联合攻关协作模式。深水钻井船工程项目组、中海油研究总院、中国航天科技集团第七〇八研究所等单位共同组成的联合设计团队广泛吸纳国内海洋工程界学术权威、专家、教授和大批富有海洋石油工程经验的专业技术人员，充分发挥我国船舶、海洋石油行业和相关科研院所的科研优势，通过自主研发关键核心技术和船型，自主完成扩展基本设计与详细设计，以及平台建造、设备集成与调试。

国家电网在特高压交流输电工程的实施过程中，利用用户主导的地位，确立了“依托工程”的总体思路，打破先行科技攻关、再推动科技成果转化的常规模式，在工程整体目标统领下，直接以工程需求为中心组织科技攻关、以科技攻关成果支撑工程建设，运用工程项目的系统管理方法组织创新，保证创新各环节、各方面、各要素特别是各阶段的有机衔接，以及创新所需资源和力量投入，破解“资金短缺”“创新孤岛”“成果转化”“首台首套设备使用”等问题。

以赛轮集团和软控股份为核心支撑的国橡中心针对传统研究脱离产业实践

的弊病，从诞生之初就致力于打通创新链和产业链。国橡中心根据产业发展关键技术领域，设立了四大研究领域的 8 个研究院、19 个研究所、55 个研究室，设置了材料机理研究、高分子材料开发等多个基础研究方向，设置了橡胶新材料、智能装备、绿色轮胎等应用研究方向，开展橡胶科学领域系统性、连续性的颠覆式创新研发活动，实现关键核心技术突破和基础创新能力提升。随后，国橡中心产业链内部开展轮胎制造、成套装备、循环利用及信息技术等领域的工程技术成果应用，将工程技术研究成果通过在实际生产中的产业化试验、修正，保证工程技术的稳定性、系统性和配套性。

四、协同约束力：资源强贯穿、主体强约束

协同约束力既包括对产业链资源的横向联通、纵向贯通能力，更包括对创新参与主体的约束力，这背后往往蕴含着协同机制的创新，包括订单合同机制、入股机制、并购机制、竞争机制、供方等级优惠机制等。

中电科三十八所在浮空器的技术攻关和研制过程中，充分发挥总体单位枢纽优势，通过与产学研用相关单位密切沟通协商，以国家重大课题实施为契机，调动骨干人员组建联合攻关项目团队，采用多种方法形成产业链资源的强贯穿协同能力。

第一，与供应商的定向协同绑定。中电科三十八所围绕供应链核心厂商以战略合作协议方式深度绑定。一是横向联合，发挥中电科三十八所浮空器总体和雷达研制优势，联合其他关键载荷研制单位结成同盟，开展市场联合攻关、项目联合承制、装备联合交付，实现“产供销”深度绑定，确保核心供应链稳定可靠。以某探测浮空器为例，中电科三十八所与集团内兄弟单位、中国科学

院某院所、中国航天科技某院所事前约定共谋共创共享，开展某装备研制，在成本、质量、交期等方面均大幅超越原“一家独揽、分包承制”模式。二是纵向联合，针对元器件、核心材料、关键基础技术等下游产业企业，及时发现种子供方，以入股的方式实现战略绑定，同时导入中电科三十八所较为完善的质量管理、研发管理工作体系，实现能力快速突破，以某探测技术为例，通过提前并购核心团队，以我方控股，核心团队科技成果作价入股方式联合组建新公司，以项目牵引技术迭代，实现技术快速转化和产业化。

第二，与产业链外围层单位的市场化协同管理。为发挥产业集聚规模经济效用，中电科三十八所以市场化合同方式引导各方资源参与产业链生态建设。一是提升产业吸引力，培育潜在供方和资源。中电科三十八所通过院士工作室、行业高峰论坛、技术交流会、产品发布会、高端航展等形式，向高校、企业传播产业影响，提高产业知名度和认可度，发挥市场作用，吸引潜力人才和企业加入浮空器新兴产业生态。二是提升供方管理能力，实施分级分类管理。除战略同盟核心供方外，将已纳入的供方根据替代性、可靠性等类别划分等级，越高等级合同条款越优惠，任务分配比例越倾斜，同时也开辟试用供方渠道，为更多企业参与创造机会，为供应链不断注入源头活水。

第三，建立“421”竞争机制，优选供应商实现约束。在浮空器国产化元器件技术外协过程中，为控制项目成本，中电科三十八所优选 4 家优势单位进入初样阶段研发投标；针对其提供的产品进行系列化验证，优选 2 家性能测试良好的厂家进入正样阶段的产品研制；针对正样阶段的产品进行专项验证，优选 1 家产品进入批产阶段的研制工作。经过这种竞争选拔、逐级淘汰的制度，既能在初样阶段培育扶植目标供应商，避免项目成本被一家供应商牵制；又能保证进入批产阶段供应商的产品的性能基本具备替代进口产品的技术状态。

国家电网在攻克特高压直流输电技术工程中，充分发挥业主单位统筹全局的资源整合与调配优势，协同科研、设计、试验、生产、物流、现场施工等各类资源，按照设备研制、生产、供应的三个阶段进行资源协同，形成“一个主线、三个阶段、多方参与”的组织模式。

第一，与试验资源方的多元协同，支撑设备试制。国家电网全面梳理各类生产、试验、市场准入、技术定型的科研需求和试验需求，确定高电压等级绝缘试验、真型设备抗震试验、耐火试验等 8 大行业领域 350 余项试验需求，形成清单列表。上述试验难度大、周期长、造价昂贵，属于各行业的尖端技术，探索性和研究性要求高，试验和科研资源极为稀缺。国家电网广泛动员厂家、高校、第三方专业实验室等社会资源，通过战略合作、商务合作、股权合作等方式进行深度整合，为我所用，为技术创新注入动力和活力。

第二，与工装设施和模具厂商的深度协同。国家电网发现，电压等级提升后，换流变压器、直流套管和平波电抗器等厂内全装式设备体积、重量显著提升，需要对吊梁、气垫车、铁芯翻转台、总装配架、气相干燥罐、油箱喷砂间和喷漆间等既有工装工艺设施升级改造。通过交流座谈、专家访谈等方式，国家电网调研 15 类直流设备，33 家供货商的生产试验设施，准确把握生产基础及能力，最终完成 41 项生产工装的改造，20 项试验装置的升级，涉及供应商和试验机构 30 余家。此外，新等级的直流设备对金具、绝缘子等模压成型式设备提出更高要求，包括耐压等级提升、结构体积增大、几何造型更加特殊、工艺要求增多等。国家电网公司组织多方力量，通过设计、试制与试验的反复迭代，首创 40 余项定制开发专用模具，获得多项发明专利。

五、数字赋能力：精准高端的数字化能力

精准高端的数字化能力，不是简单的数字化改造和表面上的数字化升级，而是有助于解决关键核心技术突破中各种难题的精准且高端的数字化赋能。

赛轮集团和软控股份有着深厚的信息化基因，赛轮集团注册成立时的名称为“青岛赛轮子午线轮胎信息化生产示范基地有限公司”，研究异构设备和控制系统集成，探索信息化技术在橡胶轮胎行业的深度应用；软控股份则为中国橡胶工业迈向数字化、网络化、智能化进行了先驱性的探索。橡胶行业生产工艺复杂，包括 5 个连续、7 个离散、5 道质检工序和 12 个部件组装工序，轮胎生产装备种类多、数据采集点多、难通信、控制系统差异大、通信协议不通用，智能化和信息化管理难度极大。面对这一情况，赛轮集团和软控股份两家企业在产业链上紧密合作，创建“橡链云”平台（见图 5-15），是全球行业首个工业互联网平台，打通了产业链上下游所有要素和资源，实现生产制造的数字化控制和企业智慧化运营。在长期的行业摸索中，赛轮集团和软控股份沉淀了成熟软件产品和橡胶行业解决方案多达近百套，充分考量并满足不同企业的定制化需求。截至 2022 年，赛轮集团“橡链云”已打通 3200 余家供应商、2000 余家经销商以及 78000 多家分店，并连接主机厂和车队等，被工业和信息化部认定为面向重点行业的特色型工业互联网平台。

中电科二十九所针对卫星高密度发射、组网的难题，从“人、机、料、法、环、测”六个维度建立数字化资源协同管控平台，将各个维度赋予数字化含义，从物理形态上构建“1 平台 +1 生产线 +2 中心”卫星载荷系统批生产系统，显著提升产品研发效率。

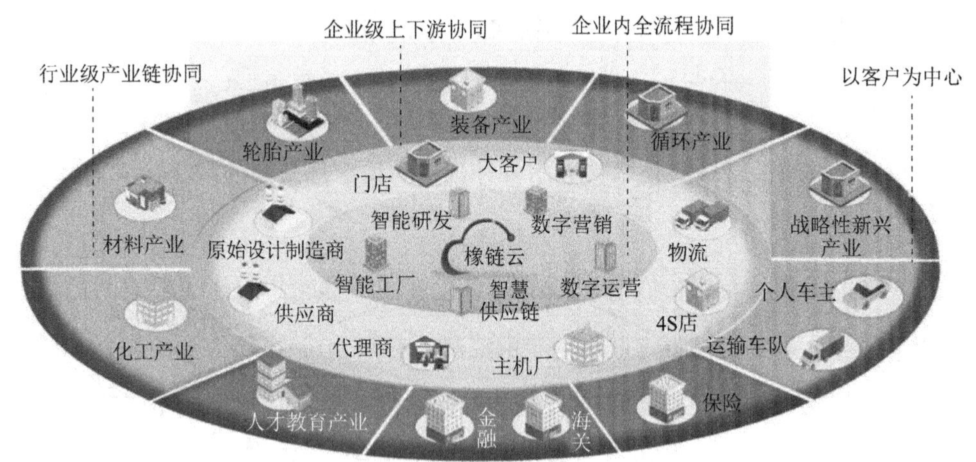

图 5-15 “橡链云”工业互联网平台贯通产业链

第一，打造“人、机、料、法、环、测”的数字化管控模式。中电科二十九所提出“人、机、料、法、环、测”的数字化管控模式，即通过“人”的“定量化”定员定责、攻坚克难；“机”的“在线化”实现设备可靠、状态可溯；“料”的“信息化”做到器材齐备、自主可控；“法”的“数字化”实现标准规范、执行严格；“环”的“在线化”实现试验充分、数据有效；“测”的“云端化”做到测试全面、过程受控，实现复杂航天系统的全过程可追溯，自动提取航天“产品成功数据包络线”，大幅提升北斗三号卫星载荷系统的研制和批产效率。

第二，建立航天数据云平台实现数据共享。导航卫星载荷系统研制涉及数十种单机、组件以及上百个单位的上万种器件，需要精准溯源和全生命周期监控。中电科二十九所构建北斗产品专用的数据云平台，可以屏蔽终端应用的差异，支持多种终端的应用便捷接入，降低对终端计算能力需求，对不同部组件、元器件在不同阶段产生的大量数据进行统一管理。通过测试云平台，对设计、装配过程中产生的数据、多媒体记录等结果进行回溯；支持集成测试环节的数据管理；支持外购产品数据包导入和管理，为设计资源有效管控、计划管理、资源调度、质量过程管控等提供依据。

第三，建立分析中心和管控中心实现高效管理。为提升集成测试生产线的技术维护能力，中电科二十九所建立测试设计与分析中心，实现测试用例、测试方法的数字化、标准化、网络化；对测试数据标准进行升级和维护，对测试设备、测试软件进行规划与验证，实现测试系统的自动化并持续优化升级；以数字样机结果为依据，对产品所有阶段的数据进行纵向比对，对不同批次产品进行横向比对，生成“产品成功数据包络线”，实现不同阶段不同批次产品性能的一致性。为解决产品研制过程控制和可靠性监督，中电科二十九所建立管理与调度中心，实现对加工制造板块的信息对接：一是实施分类全过程管控，包括分机、模块、部组件、元器件和算法五大类；二是对模块、单机、系统产品的物料齐套、测试验收、质量及交付计划等提供信息化管理，实现对计划短板、缺料物资等进行监管；三是对所有人力资源、设备资源、测试生产线量化管理，为决策管理层提供系统总体运营数据。

中国航发紧扣“一次成功”这个研制目标与原则，针对以往研发“设计—试验—再设计—再试验”串行反复迭代的痛点，变革传统的研发模式，大力推进仿真技术研究应用，加强航空发动机正向设计、开展数字化协同研制平台建设，将新一代信息技术在航空发动机研发、制造、供应链、服务保障等全生命周期业务环节深入应用，助推研制从传统模式到“预测型”模式转变。

第一，制订仿真工作五年规划。将仿真纳入研发流程及任务考核，采取“以仿真应用技术能力为核心、仿真专业技术能力为基础、仿真支撑能力为依托”的策略，设立多个仿真专项计划，实施仿真研究与应用工作，实现“需求牵引、型号应用、协同攻关、成果共享”；突破整机二维仿真、部件多学科耦合仿真、多部件联合仿真和制造工艺及装配仿真技术，实现仿真技术在多个重点型号全面应用，助力重点型号研制取得突破；建设集团仿真中心，建成每秒1200万亿次超算中心，组建仿真专家委员会，新研型号全部实现三维数字化设计；推进航空发动机三维数值仿真软件自主研发，具备发动机典型部件的全三维仿真计算能力。上述举措成效显著，如某型发动机的仿真周期从8个月缩短至1个月，某型发动机的设计方案迭代周期缩短80%。

第二，实现发动机全生命周期的仿真技术应用。中国航发围绕设计、制造、试验三大环节，在型号设计域的需求验证、方案优化，试验域的试验状态模拟、试验方案评估，制造域的工艺仿真、虚拟装配，服务保障域的虚拟维、维修性和保障性分析中深入应用仿真技术，提高仿真精度和置信度。同时，将仿真与“成功树”分析相结合，针对航空发动机核心机设计情况、装备情况和前期试验结果进行仿真，预演发动机试验状态和流场，建立“量化”的“实际运行工况”评估基础，利用仿真解决评估难定量的问题（见图5-16），大幅缩短型号研制周期，减少实物试验的反复，有效降低研制成本。

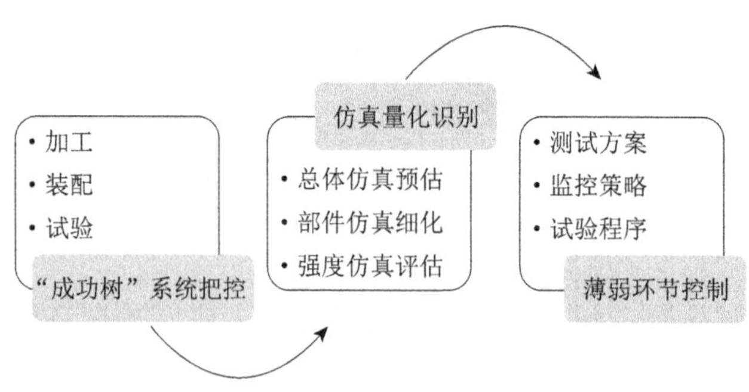

图5-16 中国航发与仿真紧密结合的“成功树”分析流程

第三，打造跨地域跨组织跨专业协同研制数字化平台。中国航发开发协同设计管理系统和产品数据管理系统，其中协同设计管理系统（见图5-17）主要面向集团内设计人员使用，将设计过程相关数据进行有效管理，固化研发流程、封装方法工具、集成标准规范和管理过程数据，实现设计过程的深度协同，形成集团的跨地域、跨组织、跨专业的协同设计环境。产品数据管理系统主要面向产品（工艺）设计人员，通过与各类设计工具的集成，对设计过程的结果数据（图文档、几何模型、物料清单数据等）进行管理，对数据的版本状态进行控制，为其他业务系统提供数据源，实现跨地域、跨组织、跨系统的数据协同管理。中国航发数据中心采用两级部署模式，分别建设集团数据中心和各直属单位数据分中心；主数据由集团数据中心向各分中心发布，业务结果数据从各直属单位数据中心提取。

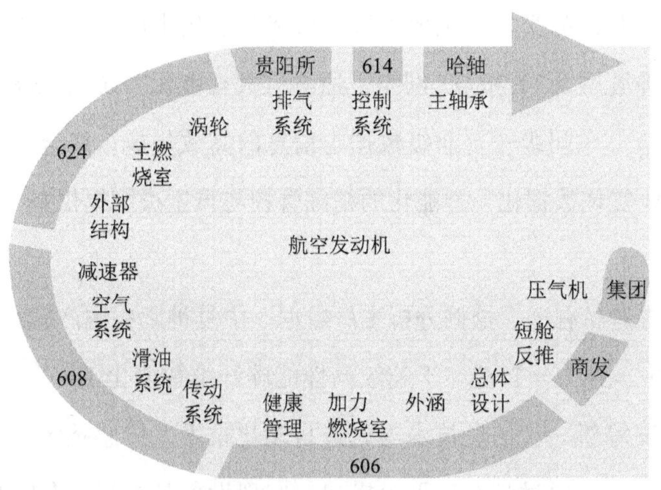

图5-17 中国航发数字化协同设计管理系统涵盖范围

第四，开发建设数字化制造平台。中国航发以项目组合管理、企业资源管理、制造过程管理为标志，同步开发建设数字化制造平台。项目组合管理系统基于项目管理全过程信息，建立项目全景视图，实现项目多维度之间的统筹协调；生产管控系统以客户需求和年度计划任务为牵引，对型号生产的关键节点进行管理与控制，对主机厂所、配套单位、协作单位的任务执行情况进行重点监控。中国航发在各厂所建设以企业资源计划、制造执行为核心的制造管理信息化系统，实现采购计划、生产计划、仓储、物资配送、作业计划、作业执行、质量控制、制造资源等业务的信息化协同管理，实现“试制一次做对”。

中复神鹰在突破碳纤维技术工程化和产业化的过程中，利用数字化手段进行赋能，体现在三个方面。

第一，打破信息孤岛，实现数据与信息高效集成。以构建万吨级碳纤维智能工厂为总体目标，中复神鹰建设 DCS、数采、MES、ERP、私有云平台 5 个层级的智能化系统，围绕智能工厂的产品研发、需求订单、计划排产、调度过程、制造执行和产品交货等主要阶段，形成智能化生产、数字化管理的标准化形式。中复神鹰融合 IT 和 OT 网络，通过五大智能化系统的互联互通，实现设备级—产线级—车间级—企业级数据与信息的高效集成，结合流程驱动和数据驱动，为企业实现数据化、智能化的精细管控与自主决策提供坚实基础。

第二，搭建私有云，挖掘分析工厂数据。中复神鹰在国产碳纤维工程化（产业化）进程中，致力于打造“千吨级高性能碳纤维智能化工厂”，将物联网、大数据、云计算等新一代信息技术与先进自动化技术、传感技术、控制技术、数字制造技术结合。通过私有云平台搭建，实现设备与产线、车间与企业之间异构数据的采集汇聚及存储。同时，采用大数据挖掘寻优技术，深度挖掘和分析工艺过程数据、能源管理数据、产品质量数据等工厂数据，寻找设备与产线最佳运行参数及能耗消耗规律，降低运行损耗，提高生产效率，提升产品品质。

第三，建设智能控制系统，实时优化控制生产全流程。中复神鹰开创性设计开展碳纤维工厂的“产品生命周期管理”“系统层级应用”“智能化功能”三个维度的智能化建设，利用先进的传感技术以及智能控制技术，建设以“最优化、自适应”为特征的智能控制系统，进行实时监测、故障诊断、自主决策，使生产流程长期稳定保持最优区域，并能快速适应和执行管理平台的智能调度计划，实现生产全流程自动、高效、稳定控制。

第六节

企业践行新型举国体制的启示与建议

基于上述研究，本报告提炼出新型举国体制下突破关键核心技术的重要启发，并提出“三有”对策建议思路。

一、企业践行新型举国体制的启示

（一）新型举国体制最大的价值在于构建良性高效运行的科技创新体系

新型举国体制的价值不仅在于突破一项关键核心技术，更重要的是带动整个创新链、产业链、供应链的全面提升，并最终形成一个高效运行、良性互动的科技创新体系。这个体系不仅是突破某个单点的关键核心技术，而且会持续发挥作用突破其他关键核心技术或进行前沿技术探索并快速工程化，引领整个行业的发展，因此具有“以点带链、由链成面”的重大价值，这是新型举国体制带给产业发展的一笔宝贵财富。但是，要防止新型举国体制的泛化，对那些可以用市场机制解决的问题，应遵循市场和产业发展规律。

（二）“航母企业”或“小马企业”都能担当突破关键核心技术的牵头企业

“航母企业”是指行业龙头企业或巨型垄断企业，“小马企业”则是指体量不大，但有较强技术能力的企业。这两类都能担任牵头企业，利用新型举国体制、号召引领相关参与主体攻克关键核心技术。比如，国家电网作为最大用户，就在突破特高压直流输电技术和特高压交流输电技术中扮演了领头羊的角色；中国重燃作为新成立的承担国家重大专项工程任务的企业，牵引相关科研大学、科研院所、供应商和设计商进行科技攻关；西安一家专门从事核领域科研仪器研发和制造的民营企业，承担了四项国家重大专项工程，其引领的企业包括上海核工程设计研究院等央企下属企业。所以，“航母带舰队”或“小马拉大车”在新型举国体制落地中都是可行的方式，不应有所偏颇，只要具备能力就应该提供机会。

（三）建议推行“监管沙盒”制度

对利用新型举国体制突破关键核心技术的创新主体采取审慎的、试验性的监管措施，设定安全边界，在可控的“盒子”内实行容错纠错，杜绝问题超边界扩散，防止创新“一管就死，一放就乱”。

（四）建议出台常态化的新型举国体制企业征询制度

实践表明，当政府“出题”与企业“答题”的一致性较强，即企业的动机、资源和能力与政府出题相符时，新型举国体制突破关键核心技术的实施效果最好。建议政府在出题前，建立精准的企业征询制度，出好题、定好位。

二、有效市场：企业牵引，机制为先

有效市场不仅指由领头企业能真正牵引和激励全行业资源进行科技攻关，而且指创新联合体的机制创新运行有效。为更好地发挥有效市场的作用，本报告提出以下三条对策思路。

第一，借政府之手的调控，在重大技术攻关中选择一批龙头国有企业和民营企业作为技术策源地，担任产业链链长，配套一批中小企业为技术攻关和产业链提供支撑。

第二，对重大科技攻关项目等采取解绑挂帅、事后补助的方式，鼓励有条件有能力的企业，包括民营企业担任新型举国体制突破关键核心技术的牵头企业。同时建立新型举国体制的企业清单，对入选企业给予一定的人才、税收政策优惠。

第三，鼓励探索多种多样有效运行的创新联合体组织模式，对新型举国体制成功经验通过编写案例库、领导人培训、现场经验会等方式进行精准的宣传推广。

三、有料院所：工程推动，研产一体

第一，改革评价机制。遵循“科研工程化”的思路，加大工程化和科技成果产业化贡献在科研院所成果和人员职称评定中的分量，改变传统以论文和课题为主的导向，鼓励科研人员在新型举国体制突破关键核心技术过程投入更多精力。

第二，给予激励特区。突破现有人才激励政策，加强对科研院所央国企科研人员在所得税减免、成果转化激励等方面的政策力度，对符合要求的央国企科研院所的创新激励不计入工资总额。

后　记

从 2018 年开始，在工业和信息化部产业政策与法规司的支持下，中国企业联合会组织开展了《中国企业管理创新发展报告》的研究、编印和发布工作。该报告以每年申报的全国企业管理现代化创新成果候选资料为研究对象，对当年企业管理创新实践特点和趋势进行系统梳理总结，为高等院校、研究机构开展企业管理科学研究提供参考，为广大企业开展管理创新实践提供借鉴。

2023 年，在工业和信息化部产业政策与法规司的支持下，中国企业联合会和中国企业管理科学基金会继续组织相关单位开展了《中国企业管理创新发展报告（2023）》的研究、编印和发布工作。邀请了中国社会科学院工业经济研究所、北京大学光华管理学院、浙江工商大学工商管理（MBA）学院、中国科学院创新发展研究中心、厦门象屿集团有限公司、中天科技集团有限公司、中国船舶集团有限公司综合技术经济研究院等单位的专家组成联合课题组，共同开展了 2023 年报告的研究和编写工作。课题组历时 10 个月，从理论梳理和企业案例分析两个层面开展了研究工作，形成了《中国企业管理创新发展报告（2023）》。报告分为总报告和专题报告两部分。总报告全面梳理了第 29 届、第 30 届全国企业管理现代化创新成果申报企业的经验材料，分析了当前企业管理创新的重点领域、创新特点和发展趋势。专题报告分为世界一流企业建设、企业数字化管理、企业践行新型举国体制三个专题，总结分析了这些专题领域的政策背景、典型做法、创新特点和发展趋势。

朱宏任常务副会长兼秘书长对报告的研究思路和重点方向提出了指导性意

见，并为本书撰写了序；史向辉常务副秘书长具体领导了此项工作，审定了课题研究方案；张文彬同志具体组织实施了该项工作，负责了研究团队组建、报告总体框架设计和研究质量把关，并修改审定了全部书稿；赵剑波老师负责了总报告的研究编写工作，高中华、杨小卜、张恒、张佳莹、周蕊、张倩参与了总报告的研究编写工作；吴剑峰老师负责了世界一流企业建设专题报告的研究编写工作，乔璐、李慧兰、林晓寒、杜巧男参与了该专题报告的研究编写工作；董小英老师负责了企业数字化管理专题报告的研究编写工作，胡燕妮、戴亦舒、张水利、邓启东、林峰、沈一春、陈娅丽参与了该专题报告的研究编写工作；蔺雷老师负责了企业践行新型举国体制专题报告的研究编写工作，王伟楠、范蕾、李妍、石隽、李志军、常杉、崔奇参与了该专题报告的研究编写工作。根据《中国企业管理创新发展报告（2023）》的主要内容，在编委会的指导下，编写组进一步改编形成了本书。

感谢工业和信息化部产业政策与法规司为本报告研究提供的大力支持！感谢中国社会科学院工业经济研究所、北京大学光华管理学院、浙江工商大学工商管理（MBA）学院、中国科学院创新发展研究中心、厦门象屿集团有限公司、中天科技集团有限公司、中国船舶集团有限公司综合技术经济研究院等单位的积极参与！感谢第 25 ～ 30 届全国企业管理现代化创新成果申报企业提供的实践经验材料！感谢企业管理出版社为本书能够及时出版付出的辛勤劳动！

疏漏之处，在所难免，敬请广大读者批评指正！

编委会

2024 年 2 月